租税の基礎研究

石川 祐三 著

時潮社

はしがき

　わが国の財政は危機的な状況にあると言われている。判断は分かれるようだが，少なくとも，租税収入が慢性的に不足しているのは動かしがたい事実である。税収が不足しているのならば，増税して税収入を増やせばよいのだが，増税という政策選択は難しい政治経済状況なのであろう。租税負担は誰にとっても好ましいものではないから，避けたい気持ちは当然であるが，負担増加から逃げていても将来の展望は開けないだろう。

　経済が順調に成長し所得が増えているときには，租税負担率が多少増えても，税引き後の可処分所得も増えることがある。可処分所得が増えるなら，負担率の増加も我慢ができる。経済成長下の増税は負担感が少ないという，この単純な事実は意外と重要で，だからこそ経済成長を促進させるような税制の工夫が肝要である。本書では，その具体的な方策にまでは立ち入っていないが，問題意識としては常に念頭にあった考え方である。

　わが国にかぎらず，租税制度はきわめて精密に，言い換えれば複雑に作られている。その理由の大半は，公正な課税の実施や納税者の利益を図るためであるが，結果的に一般には分かり難くなっている。そうした租税制度の大枠と基本的な経済効果について，主要な租税だけであるが，できるだけ整理しようとした試みが本書である。論述の細部にはいまだ不足もあるし，整理の出来具合にはさらに不安もあるが，租税に関わる価値判断や政治的判断を含めた議論の一端を紹介できていれば幸いである。

　第1章と第2章では，租税論の基礎になる概念を説明している。第3章から第6章までは，わが国の主要な4つの租税について，その制度，経済効果，問題点などを論じている。第7章と第8章では，ミクロ経済学の要点を整理しているが，租税論の基礎を確認するためである。第9章では，前2章の議論をもとに，市場経済における租税の役割について基本的な考え方を説明している。本書では，租税および租税収入のマクロ経済的な側面にはほとんど

触れていない。

　租税論には先人の残した，また現在進行している膨大な研究の蓄積がある。巻末の参考文献リストはその一部に過ぎない。本書執筆に際して，何らかの形で利用させていただいた書籍であるが，雑誌論文等は割愛している。予めご寛恕を願う次第である。

　本書の執筆に際して，実践女子大学講師の田代昌孝君の協力を得た。データ収集や諸外国の事例の確認，索引の作成など面倒な作業を担当していただいた。また，時潮社の相良景行社長の長期にわたる激励，同社編集部の西村祐紘氏の適切な助言にも，心からお礼を申し上げたい。

著　者

租税の基礎研究／目次

第1章　租税構造 ——————————————————1

1　はじめに　3
2　日本の租税構造　4
　2－1　租税の種類　4
　2－2　経済循環における課税対象　7
　2－3　租税構造の変遷　8
　2－4　租税構造の国際比較　11
3　租税負担率　15
　3－1　租税負担率の動向　15
　3－2　租税収入と経済活動の変化　17
4　租税構造の将来課題　19

第2章　租税論の基礎概念 ——————————————21

1　はじめに　23
2　租税の原則　24
　2－1　租税の分類　24
　2－2　課税の根拠　25
　2－3　租税原則　26
3　負担配分の基準：利益原則と能力原則　28
　3－1　利益原則　28
　3－2　能力原則　29
　3－3　税率構造　30
4　租税の転嫁と費用　32
　4－1　個別消費税　32
　4－2　効率性の原則　34
　4－3　超過負担　35
　4－4　限界超過負担と租税構造　38

第3章　所得税 ―――――――――――――――――――41

　1　はじめに　43
　2　所得税制度の概略　44
　　2－1　課税所得の種類　44
　　2－2　所得控除　46
　　2－3　税率構造　48
　　2－4　給与所得者の所得税　50
　3　所得税の再分配効果　52
　　3－1　給与所得の課税状況　52
　　3－2　所得再分配効果の計測　54
　4　所得税と資源配分　55
　　4－1　所得税と労働供給　55
　　4－2　所得税の転嫁と帰着　58
　　4－3　所得税の超過負担　60
　5　所得税の課題　62
　補論1：ラッファー曲線　64
　補論2：ジニ係数　67

第4章　法人税 ―――――――――――――――――――71

　1　はじめに　73
　2　法人税制度の概略　74
　　2－1　法人税の課税対象と税率　74
　　2－2　課税標準（課税所得金額）　76
　　2－3　減価償却制度と法人税　77
　　2－4　企業の基本構成と法人税　78
　3　法人税の負担　80
　4　法人税の経済効果　82
　　4－1　短期的効果　82
　　4－2　長期的効果　84
　　4－3　法人税の超過負担　87

5　法人税の根拠と課題　88
　　　5－1　法人税の課税根拠　88
　　　5－2　法人税の課題　90

第5章　消費税　———————————————93

　　1　はじめに　95
　　2　消費税の種類と経済効果　96
　　　2－1　消費税の種類　96
　　　2－2　個別消費税の経済効果　99
　　　2－3　個別消費税と一般消費税　101
　　3　消費税制度の概略　103
　　　3－1　基本構造　103
　　　3－2　負担状況　105
　　4　わが国の消費税の問題点　108
　　　4－1　消費税負担の逆進性　108
　　　4－2　益税　110
　　5　消費税の課題　112
　　補論：個別消費税の超過負担　114

第6章　固定資産税　———————————————117

　　1　はじめに　119
　　2　固定資産税の制度　120
　　　2－1　制度の概要　120
　　　2－2　固定資産評価　121
　　3　市町村財政における固定資産税　124
　　　3－1　市町村の歳入と固定資産税　124
　　　3－2　固定資産税収入の長期的な動向　124
　　　3－3　市町村の人口規模と固定資産税　127
　　4　固定資産税の負担と帰着　128
　　　4－1　土地　128

4－2　家屋　130
        4－3　長期における資本　131
        4－4　固定資産税の負担水準　133
    5　結　語　135
    補論：租税の資本化（tax capitalization）　136

第7章　市場経済のメカニズム ―――――――――――139

    1　はじめに　141
    2　経済循環と市場経済　141
        2－1　財・サービス市場　141
        2－2　生産要素市場　143
        2－3　経済循環　143
        2－4　生産の可能性　144
    3　需要と供給と市場均衡　146
        3－1　需要　146
        3－2　供給　148
        3－3　市場均衡とその変化　149
        3－4　消費者余剰と生産者余剰　151

第8章　家計と企業の市場行動 ―――――――――――155

    1　はじめに　157
    2　家計の消費行動　157
        2－1　予算制約線　157
        2－2　無差別曲線　158
        2－3　消費者均衡　160
        2－4　所得効果と代替効果　161
    3　企業の生産行動　163
        3－1　総収入　163
        3－2　総費用　164
        3－3　生産量の決定　166
        3－4　利潤の最大化と生産費　167

4　要素市場における家計行動　169
　　4-1　労働と余暇の選択　169
　　4-2　賃金率と労働供給　170
　　4-3　消費と貯蓄の選択　172
　　4-4　利子率の変化と貯蓄供給　174

第9章　市場経済の効率性と租税政策 ———— 177

  1　はじめに　179
  2　生産の効率性　179
　　2-1　生産者の費用最小化　179
　　2-2　生産の効率性　181
　　2-3　生産の契約曲線　183
　　2-4　生産可能性フロンティア　185
  3　消費の効率性　186
　　3-1　消費者の効用最大化　186
　　3-2　消費の効率性　188
  4　生産の効率性と消費の効率性　189
  5　効率的資源配分と市場構造　191
　　5-1　消費の効率化　191
　　5-2　消費と生産の効率化　192
　　5-3　資源配分と租税政策　194
　　5-4　公平性の問題と租税政策　195

主要参考文献　199
索　引　202

装幀　比賀祐介

第1章 租税構造

1 はじめに

　わが国の租税収入は2008（平成20）年度決算では90.6兆円である。その内訳は，国税が54.1兆円，地方税が36.5兆円であった。国内総生産（GDP）は511.8兆円で，国税はその10.6％，地方税は7.1％，税収合計で17.7％になる。

　この租税負担率は高いのか低いのか。もちろん簡単に答がでるわけではない。まず，租税の支払いが国民生活にどのように影響するのか。この影響は租税の種類によって異なるから，どのような租税がどれくらい徴収されているのかを知る必要がある。本書ではほとんど触れないが，90兆円の租税収入が何に使われて，どのように役に立っているのかも考えなければならない。

　本章では，租税構造の将来についていくつかの視点から考察する。その材料として，

　①わが国における租税の種類
　②租税構造の長期的な変化
　③租税構造の諸外国との比較
　④租税負担の大きさの変化

を確認したり，分析したりすることにする。

　租税は市場経済における一種の「必要悪」かも知れない。租税収入がなければ高速道路も造れないし，不況対策の公共事業もできない。困っている人を助ける福祉政策も十分には展開できない。しかし，私たちの経済生活にとって租税支払いは明らかに負担である。そのうえに，次章以降でみるように租税負担以上のマイナス効果（費用）も発生する。

　社会的には必要だが個人的にはできれば避けたいというのが租税負担である。しかし，もちろん避けることはほとんどできない。租税の実態は消極的な意味でも知らなければならないのだが，個人として国や地域社会に対して責任があるとすれば，より積極的に知っておくべきである。

2　日本の租税構造

2－1　租税の種類

　次の表1－1は，わが国の主な租税収入を示したものである。課税主体を国と地方に分け，課税対象を所得，資産，消費に分けて分類している。ただし，地方に譲与されることが決まっている国税もあり，課税対象の区分も実際には表よりも複雑である。

　主な国税は所得税（個人所得税）と法人税（法人所得税）と消費税である。合計すると国税収入の78％になる。所得税は個人所得に，法人税は法人所得にかかるが，両者ともに所得に対する課税であるという点では同じである。消費税は言うまでもなく消費支出にかかる税である。消費課税にはその他にさまざまな種類があるが，ガソリンにかかる揮発油税を除けば，収入金額は大きくない。国の段階での資産課税はほとんどない。所得課税による税収は国税全体の59％で，わが国の国税は所得課税を中心にしていると言える。

　地方税の構成は都道府県段階と市町村段階で少し異なる。この表は都道府県と市町村の合計額である。地方税合計で最大の構成比になっているのは個人住民税である。個人住民税には都道府県段階の住民税と市町村段階の住民税がある。住民税のほとんどは居住者の所得にかかる税である。住民税は法人にも課税されている。この法人住民税も法人の所得にかかる税である（実際には法人所得にかかる国税法人税の税額が課税標準である）。住民税は地方団体の基幹税である[1]。

　1）さらに都道府県民税には，個人と法人とを問わず利子支払額にかかる利子割，配当支払い額にかかる配当割，株式等の譲渡所得にかかる株式等譲渡所得割の3種類の道府県民税がある。ただし，各収入金額の5分の3は市町村へ交付される。

表1-1　日本の租税収入：平成18年度決算

億円, %

区　分		国　税 金　額	構成比	地方税 金　額	構成比	租税合計 構成比
所得課税	所得税[a]	170,635	31.5			18.8
	法人税	149,179	27.6			16.5
	個人住民税			87,428	23.9	9.6
	法人住民税			39,532	10.8	4.4
	個人事業税			2,165	0.6	0.2
	法人事業税			53,627	14.7	5.9
	小　計	319,814	59.1	182,751	50.1	55.5
資産課税	相続税	15,186	2.8			1.7
	印紙税	12,181	2.3			1.3
	不動産取得税			4,850	1.3	0.5
	固定資産税			85,820	23.5	9.5
	都市計画税			11,818	3.2	1.3
	事業所税			3,018	0.8	0.3
	小　計	27,367	5.1	105,506	28.9	14.7
消費課税	消費税	104,633	19.3			11.5
	酒　税	15,473	2.9			1.7
	たばこ税	9,272	1.7			1.0
	たばこ特別税	2,176	0.4			0.2
	揮発油税[b]	28,567	5.3			3.2
	地方道路税[c]	3,057	0.6			0.3
	石油ガス税[a]	279	0.1			0.0
	航空機燃料税[a]	1,069	0.2			0.1
	自動車重量税[a]	11,024	2.0			1.2
	石油石炭税	5,117	0.9			0.6
	電源開発促進税	3,630	0.7			0.4
	関　税	9,440	1.7			1.0
	とん税	93	0.0			0.0
	特別とん税[c]	116	0.0			0.0
	原油等関税[c]	33	0.0			0.0
	地方消費税			26,289	7.2	2.9
	地方たばこ税			11,426	3.1	1.3
	軽油引取税			10,507	2.9	1.2
	自動車取得税			4,570	1.3	0.5
	自動車税・軽自動車税			18,828	5.2	2.1
	小　計	193,980	35.8	71,621	19.6	29.3
	合　計	541,169	100.0	365,062	100.0	100.0

注）数値は決算額で，最終行の合計には表掲以外のその他の税が含まれている。
a）特別会計による地方への譲渡分を含む。b）特別会計分を含む。c）特別会計による収入である。
資料：『税制参考資料集』（日本租税研究協会）平成20年。
　　　『地方税に関する参考計数資料』（総務省自治税務局）平成20年。

次に大きいのが固定資産税で，一部を除いてほとんどが市町村の税収入になる。土地，家屋，償却資産（生産設備など）にかかる税で，市町村の税源として適格性が高いと考えられている。都市計画税も市町村の税収であり，課税対象は固定資産税と同じであるが，使い途が都市計画事業と決められている目的税である。どのような事務事業にも使える一般税とは性格が異なる。

　もう1つの重要な地方税収入として事業税がある。都道府県税であるが個人事業税と法人事業税があり，法人事業税が収入の大部分を占めている。課税標準はその法人または個人の所得（または収入）であったが，法人のうち一部の大企業には異なる課税方式を適用するように改められた[2]。

　地方段階の消費課税では，国の消費税額に対して25％で課税される地方消費税の収入が大きい。この地方消費税も都道府県の税収である。地方におけるその他の消費課税には自動車税（都道府県税）と軽自動車税（市町村税）がある。これは資産課税の一種とみることもできるが，自動車を使用しているという側面に注目して分類してある。

　以上，都道府県は事業税と住民税が中心で，地方消費税がそれを補完している。市町村では所得課税の住民税に加えて固定資産税が重要な税種である。地方税の合計でみると，所得課税が50％になる。国と同じく地方も所得課税中心の租税構造である。個別の税種でみると，住民税を含めた①所得税，住民税を含めた②法人税，地方消費税を加えた③消費税，そして④固定資産税がわが国における租税収入の主柱であると言えよう。

　2）経済活動が停滞するなかで企業業績が悪化し，所得等が減少して納税額も減少した。地方公共サービスの費用は赤字企業でも負担すべきであるという考えから，法人企業（資本金1億円超の法人）の所得に加えて資本金額や付加価値額によっても課税する方式（外形標準課税）が平成16年度に追加されている。

2−2　経済循環における課税対象

　課税対象が所得，消費，資産に大別できるのは前の表に示したとおりである。いずれの課税対象も民間経済活動の一部であり，相互に関連している。次の図1−1は，海外との取引を除いて単純化しているが，3つの課税対象の関連を示したものである。

　家計部門は，労働，資本，土地という生産要素を提供して，各生産要素の生産に対する貢献に応じて，賃金，利子，地代などの所得を受け取る。企業利潤を含めた年当たりの所得フローが課税対象①である。一部の所得，例えば賃金だけが課税対象になるような税もあるが，所得の全体を課税対象にすることが理想的な所得課税であると言われている。ただし，市場の外の取引で発生する所得もあり，所得の正確な把握は意外と難しい。

　所得を受け取った家計は，その一部を消費に振り向けて支出する。この消費支出は企業部門にとっては販売収入である。この消費あるいは販売が課税対象②である。消費税の種類はさまざまで，ほとんど全ての消費に総合的に課税する一般消費税（付加価値税など）から一部の財・サービスだけに課税する個別消費税まで，課税範囲も税率もさまざまである。一部の消費だけが課税されたり課税を免除されたりすると，消費パターンが変更されるから，市場には攪乱効果が生じる。

図1−1　経済循環と課税対象

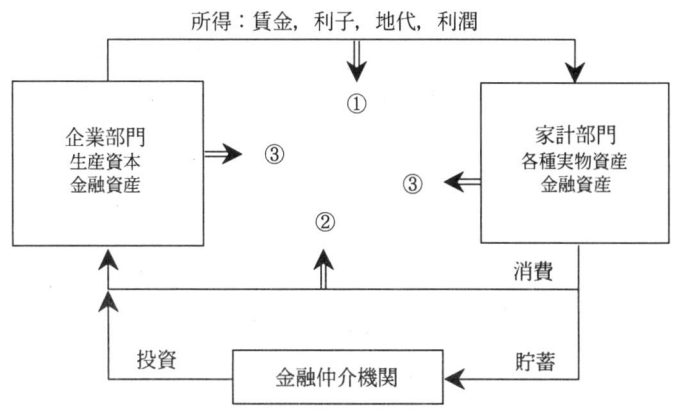

家計が全く貯蓄をしなければ，所得の全てが消費される。この場合には，所得課税①と消費課税②には実質的な差異は無い。しかし，実際には家計が貯蓄しない国は無いから所得と消費は異なる。そこで所得課税ではなく消費課税を行なうと，消費されない所得つまり貯蓄を優遇することになる。貯蓄が将来のある時点で消費されるとすれば，将来の消費を優遇していることになる。貯蓄の優遇は経済の成長にとっては有利であると考えられる。

　家計による貯蓄は，金融仲介機関（銀行など）を通じてさまざまに投資される。投資は資産の増加である。資産には，家計部門の自動車や家屋，土地だけでなく，預金や株式などの金融資産も含まれるし，教育や技術訓練を受けることによる人的資本の蓄積も含めて考えることができる。企業部門にも同様に生産設備や工場用地，社屋といった生産資本のほかに金融資産も蓄積されている。こうした各種の資産が課税対象③である。

　資産が所得の源泉になるという点には注意すべきである。例えば，所有する建物を誰かに貸せば賃貸料という収益が手に入る。つまり，資産を運用して所得を得ることができる。このとき建物という資産に課税することと，その建物による所得に課税することは基本的には同じで，課税方法が異なるだけである。人的資本の資産価値を把握し確定するのはほとんど不可能であるから，毎年の所得フローに所得税を課税するというのは，多少極端だが資産課税の1つの説明にはなる。このように考えれば，所得課税①と資産課税③には大きな違いはないとも言える。

2－3　租税構造の変遷

　わが国の租税収入は経済成長とともに大きく増加した。表1－2に示されるように，その増加のほとんどが所得税および法人税による。1955（昭和30）年度に1.3兆円だった収入合計額は，35年後の1990（平成2）年度には96.2兆円に達した。約95兆円の増加額のうち所得税が25.7兆円（増加額の27%），法人税が18.2兆円（同19%）である。個人住民税も8.9兆円（同9.3%），法人住民税も4.2兆円（同4.4%）増加している。法人および個人の事業税までを入

表1-2　租税構造の変動

億円，％

		区分	昭和30(1955)年度 決算額	構成比	平成2(1990)年度 決算額	構成比	平成18(2006)年度 決算額	構成比	1955-1990年度 増加額	構成比	1990-2006年度 増加額	構成比
国税	直接税	所得税	2,787	21.1	259,955	27.0	170,635	18.8	257,168	27.1	-89,320	159.3
		法人税	1,921	14.6	183,836	19.1	149,179	16.5	181,915	19.2	-34,657	61.8
		その他	103	0.8	19,180	2.0	15,193	1.7	19,077	2.0	-3,987	7.1
	間接税	消費税	—	—	46,227	4.8	104,633	1.5	46,227	4.9	58,406	-104.2
		酒税	1,605	12.2	19,350	2.0	15,473	1.7	17,745	1.9	-3,877	6.9
		揮発油税	255	1.9	15,055	1.6	28,567	3.2	14,800	1.6	13,512	-24.1
		その他	2,692	20.4	84,195	8.7	57,489	6.3	81,503	8.6	-26,706	47.6
地方税	直接税	個人住民税	715	5.4	89,321	9.3	87,428	9.6	88,606	9.3	-1,892	3.4
		法人住民税	262	2.0	42,053	4.4	39,532	4.4	41,792	4.4	-2,522	4.5
		個人事業税	202	1.5	2,487	0.3	2,165	0.2	2,285	0.2	-322	0.6
		法人事業税	604	4.6	62,926	6.5	53,627	5.9	62,322	6.6	-9,299	16.6
		固定資産税	1,126	8.5	60,375	6.3	85,820	9.5	59,250	6.2	25,445	-45.4
		自動車税	79	0.6	13,643	1.4	18,828	2.1	13,564	1.4	5,185	-9.2
		その他	75	0.6	29,802	3.1	18,591	2.1	29,727	3.1	-11,211	20.0
	間接税	地方消費税	—	—	—	—	26,289	2.9	—	—	26,289	-46.9
		地方たばこ税	288	2.2	9,964	1.0	11,426	1.3	9,676	1.0	1,463	-2.6
		軽油引取税	—	—	8,335	0.9	10,507	1.2	8,335	0.9	2,171	-3.9
		その他	466	3.5	15,598	1.6	10,849	1.2	15,132	1.6	-4,749	8.5
	国税計		9,363	71.1	627,798	65.2	541,169	59.7	618,435	65.2	-86,629	154.5
	直接税計		7,872	59.7	763,578	79.3	640,997	70.7	755,706	79.6	-122,581	218.6
	合計		13,178	100.0	962,302	100.0	906,231	100.0	949,124	100.0	-56,071	100.0

注）自動車税は市町村の軽自動車税を含み，固定資産税には都道府県分を含む。
資料：表1-1と同じ。

れると，増加額の実に66％が所得課税によるものであった。

　その結果，消費税が1989（平成元）年度から導入されたものの，租税構造は，所得課税および直接税の比重の高い構造へと変化した。なお，固定資産税も経済成長に伴う資産の増加を反映して増加しており，事業税の成長と合わせて，地方税の構成比を引き上げ国税の構成比を低下させている[3]。

　租税収入金額は1991（平成3）年度にピークに達し，それ以後は経済活動の不振も影響して低迷する。国税も地方税も対前年度で減少するようになり，1980年代までとは様相が一変している。2006（平成18）年度にはいくらか持ち直しているが，経済活動が回復しないかぎり租税収入の先行きは明るいものではない。

　1990（平成2）年度から2006（平成18）年度まで，租税収入は合計で5.6兆

円減少した。この減少は主に所得税と法人税の減少による。所得税の減少額は8.9兆円で，減少総額の159％に及ぶ。法人税の減少は3.5兆円で，減少総額の62％である。その他に住民税や事業税，とくに法人事業税の減少が大きい（表の最右欄参照）。

こうした直接税収入の減少をある程度まで緩和しているのが消費税である。消費税はこの期間に5.8兆円，1994（平成6）年創設の地方消費税を合わせて8.5兆円増えた。消費税と同じく，間接税の揮発油税が1.4兆円増えている。地方税では固定資産税が5.9兆円増加しており，この収入増加が地方税収入を支える結果となっている。

このように所得課税の収入減少を消費税や資産税が補ってきたが，収入減少額が非常に大きく，補充しきれなかった訳である。この過程で，租税構造はもちろん変化している。所得税と法人税が比重を下げ，消費税の比重が高くなったことに加えて，資産税もいくらか比重を上げている。国税対地方税でみると国税の比重が65.2％から59.7％に下がり，直接税対間接税では直接税の比重が79.3％から70.7％に下がっている。

租税構造の変容を適切に評価するのは容易ではない。ここでは参考のために1907（明治40）年度における国税収入の構成を挙げておこう。約100年前の国税総額は3.8億円，そのうち地租（地価にかかる租税）が22.6％，酒税が20.8％，関税が13.3％，専売益金が9.5％であった。その他に間接税である砂糖消費税（4.3％）や織物消費税（5.1％）も重要な税収である。所得税は1887

3）国税は国が賦課，徴収する税であり，地方税は地方公共団体が賦課，徴収する税である。ただし国税でも地方に譲与されることが決まっている税もあり，税収入の帰属は多少異なる。また，直接税は税法に規定される納税者義務者に租税負担が帰着する（またはそれが予定されている）税で，間接税は納税義務者が税負担を転嫁することができる（または予定されている）税であるが，転嫁の程度は税によって異なるから厳密な分類ではない。転嫁と帰着については次章以下を参照。

(明治20) 年に創設されていたが，その収入は1907年度には7.2%でしかなかった。なお，法人税は所得税の一種として課税されている。こうした租税構造をどう評価するかは別として，所得・直接税を中心とするのではなく，消費・間接税を中心とする租税構造が現実に存在し機能したことは記憶されるべきであろう。

2−4 租税構造の国際比較

次に，わが国の租税構造を諸外国と比較してみよう。同じ法人税と言っても課税される法人所得の範囲や税率が異なるから，単純に収入額だけを比較しても限界はあるが，租税構造をみるときの一応の目安にはなる。

表1−3はOECDの歳入統計によって課税対象ごとの租税負担率を示したものである。負担率は2006年度（会計期間は国によって異なるが）の租税収入（社会保障負担は除外）のGDPに対する比率である。負担率が最大の国はデンマークで48.1%，最低はメキシコの17.5%であった。OECDの単純平均値は26.2%であるから，日本の負担率17.7%はかなり低いと言える。

表は課税対象別の負担率だが，同時に租税構造をみることもできる。同じ数値を図にした図1−2にも示されているが，重要な特徴がある。明らかに所得課税の比重が大きい国ほど租税全体の負担率が高いのである。この所得課税には，個人の所得・利益，資本利得（キャピタル・ゲイン），法人の利潤，資本利得が含まれる。経済成長とともに国民経済における財政支出の割合は一般的に高くなるが，それに応じて租税負担が増えるには所得課税が重要な役割を果たしていると言うことである。

消費課税は財貨およびサービスに対する課税である。これには付加価値税，売上税，自動車税，輸出税等々の間接税が含まれる。消費課税もその比重が増えると租税全体のGDP比が増える関係にはあるが，その関係は所得課税ほど強いものではない。個別の売上税に代わって付加価値税（日本では消費税）の重要性が高まっているが，まだ所得課税を凌ぐほどにはなっていない。

財産課税には不動産税，相続税，贈与税に加えて資本取引に対する税が含

表1-3 租税構造の国際比較:税収入の対GDP比率

%

国 名	税収入合計	所得課税	消費課税	財産課税
デンマーク	48.1	29.5	16.3	1.9
アイスランド	38.2	18.3	17.6	2.2
ニュージーランド	36.7	22.8	12.0	1.9
スウェーデン	36.6	19.4	12.8	1.4
ノルウェー	35.2	22.0	12.0	1.2
フィンランド	31.3	16.6	13.5	1.1
ベルギー	31.0	16.8	11.4	2.3
オーストラリア	30.6	18.1	8.3	2.8
イギリス	30.3	14.7	10.8	4.6
イタリア	29.6	14.0	10.8	2.1
カナダ	28.4	16.2	8.1	3.4
フランス	27.8	10.7	10.9	3.5
アイルランド	27.6	12.7	11.6	2.9
オーストリア	27.3	12.0	11.5	0.6
ルクセンブルク	26.0	12.5	10.0	3.3
ハンガリー	25.2	9.1	14.2	0.8
オランダ	25.1	10.7	12.0	1.9
スペイン	24.4	11.4	9.9	3.3
ポルトガル	24.3	8.5	14.5	1.1
スイス	22.7	13.5	6.8	2.4
ドイツ	21.9	10.8	10.1	0.9
ポーランド	21.4	7.0	12.8	1.2
アメリカ合衆国	21.3	13.5	4.7	3.1
韓国	21.1	7.9	8.7	3.5
チェコ	20.8	9.0	11.1	0.4
ギリシャ	20.2	7.5	11.3	1.4
トルコ	19.0	5.3	11.9	0.9
スロバキア	17.9	5.8	11.5	0.5
日本	17.7	9.9	5.2	2.5
メキシコ	17.5	5.2	11.6	0.3
OECD合計	26.8	13.0	11.1	2.0

注)税収入合計には社会保障負担を含まないがその他を含む。OECD合計は各国の単純平均値である。所得課税はOECDの租税分類の1000で利潤税を含む。消費課税は5000,財産課税は4000である。

資料:OECD, *Revenue Statistics 1965-2006*, 2008.

図 1 − 2　OECD諸国の租税構造（対GDP比，％）

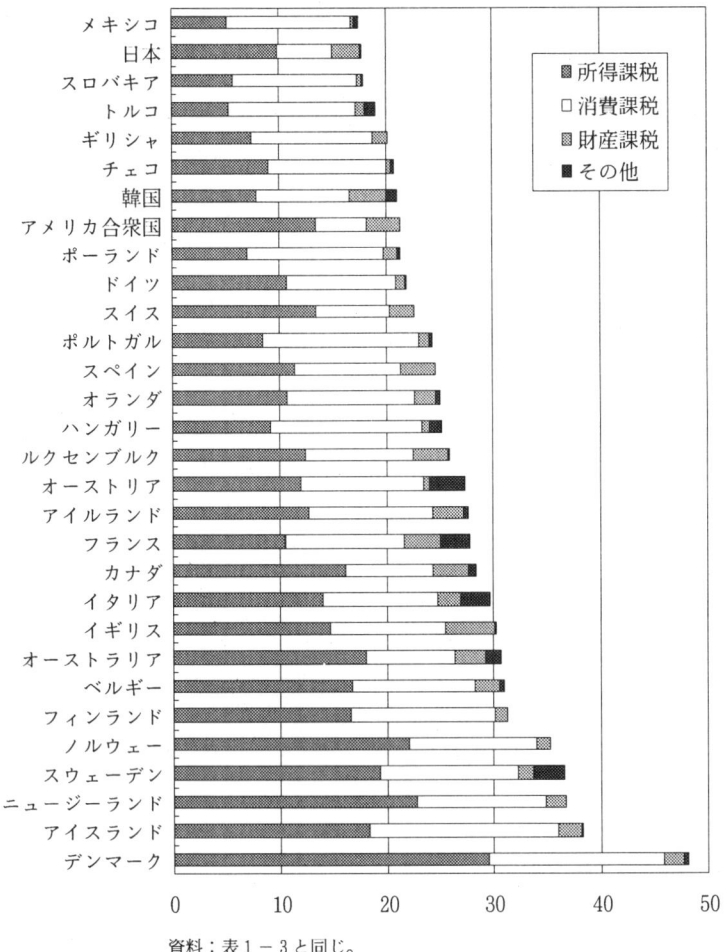

資料：表 1 − 3 と同じ。

まれる。わが国の固定資産税はこの分類に入ることになる。財産課税は対GDP比でイギリスの4.6％が最大である。その他の国では概して比重は低く，国全体の税収入を支えることはあるとしても，それを牽引するような位置にはない。別の章でも触れるが，財産税は恐らく最も租税抵抗が大きい税であり，税収入源として多くは期待できないかも知れない。

わが国の課税対象別にみた租税構造はOECD諸国の平均値と比べると，所得課税の比重はかなり高いが，消費課税は相当に低く，財産課税の比重はいくらか高いという状況にある。もちろん，国によって経済社会の状況は異なるから，単純に消費課税を増やすべきであると言うことはできないが，所得課税とりわけ法人所得課税については，投資環境の国際的な拡大という現状からみて検討する必要があると考えられる[4]。

　4）日本の法人税の税率（地方税を合計・調整した税率）は40.69％で諸外国に比べて高い。アメリカは40.75％で日本とほぼ同じであるが，フランスは33.33％，ドイツが29.83％でイギリスが28％，韓国は27.5％，中国が25％である。川上尚貴（2008），p.285参照。法人税率だけで企業の投資・経営環境が決まるわけではないが，法人税負担の大小は投資決定に際して重要な要素である。

3 租税負担率

3-1 租税負担率の動向

　国内総生産（GDP）に対する租税収入の割合によって，租税負担率の推移をみてみよう。租税収入の合計と国税だけの合計について負担率の推移を計算したものが図1-3である。多少詳しくみると，まず1950（昭和25）年度から1966（昭和41）年度までは，経済成長によって所得が増加するなかで，負担率はむしろ低下気味であった。その後上昇に転じて，1990（平成2）年度にGDP比で21.4%（国民所得比では27.6%）に達する。これをピークに2003（平成15）年度のGDP比15.8%（同21.8%）まで下降して，その後2006（平成18）年度ではGDP比で17.7%（同24.3%）まで回復する。

図1-3　租税負担率の推移（%）

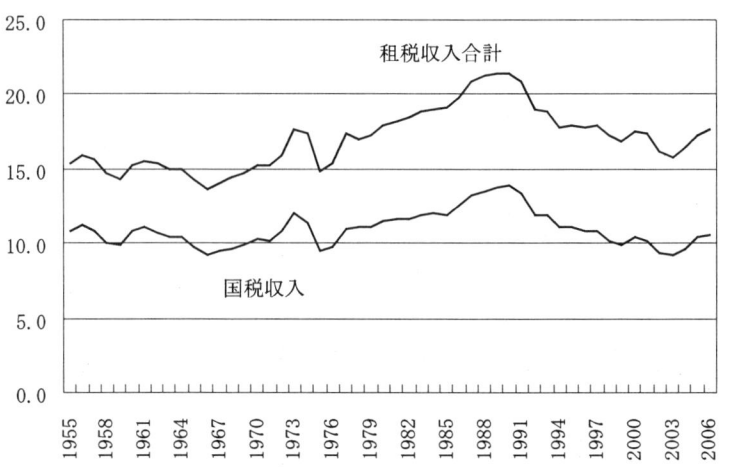

注）租税収入の国内総生産に対する割合である。
資料：総務省自治税務局『地方税に関する参考計数資料』平成20年。

　主要な税目別に対GDP比を計算したものが表1-4である。負担率の変化（表の右側の2欄）に注目しよう。まず1955（昭和30）～1990（平成2）年

度をみると，負担率は合計で6.1ポイント増加したが，その大部分は所得税と法人税の増加による。個人と法人の住民税を加えれば，この間の負担率増加が所得課税によって実現したことは明白である。

経済成長が続くなかで法人企業の業績が高水準で推移し，給与所得をはじめとして個人所得も増加する。それに加えて，所得税の税率はかつて高度に累進的（最高限界税率75％）であり，税収の増加が所得の増加を上回っていた。法人税率はいくらか低下していたが，法人企業の発展が目覚ましい。1955年には38万社にすぎなかった法人（普通法人）数は，1990年には228万社へと6倍に増えている。

次に，1990（平成2）～2006（平成18）年度の負担率を比べよう。租税収入合計は3.7ポイントの低下である。かつて税収入の増加の中心となった所得税，法人税ともに低下している。負担率の低下は経済状況が悪化して所得が減少したことにもよるが，経済対策としての減税政策の効果もある。この間に所得税の最高税率は50％から37％に下がっているし，法人税は基本税率が37.5％から30％へ低下している。したがって，租税政策が税収入を減少させたという側面も無視できない。

所得税も法人税もその収入は経済変動に敏感に反応するとともに，政策手段として活用しやすい。経済変動に対処するための政策が重要であることは言うまでもなく，その手段を持つことは重要である。しかし，財源確保という租税の基本的な機能を重視するとすれば，税源を所得課税だけに集中させるのは危険なことかも知れない。

消費税（付加価値税）収入は安定的であると言われる。経済が変動しても消費の変動は比較的少なく，その消費にかかる消費税の収入は他の税に比べて安定的であるという意味である。近年の消費税の負担率は2.6％程度で，1990年度からの増加は税率の引き上げによるところが大きい。わが国の租税構造を直接税中心から間接税重視へ変えていくとすれば，税収入の安定化は実現しやすくなると言える。

表1－4　主な租税の負担率（対国内総生産比）

%

区　分	昭和30 (1955)年度	昭和50 (1975)年度	平成2 (1990)年度	平成17 (2005)年度	平成18 (2006)年度	負担率の変化 1955-1990	1990-2006
所得税	3.24	3.60	5.78	3.31	3.33	2.54	-2.44
法人税	2.23	2.71	4.09	2.63	2.91	1.85	-1.17
消費税	－	－	1.03	2.61	2.56	1.03	1.53
酒　税	2.30	0.74	0.56	0.43	0.41	-1.75	-0.14
個人住民税	0.83	1.38	1.98	1.58	1.71	1.15	-0.28
法人住民税	0.30	0.57	0.93	0.68	0.77	0.63	-0.16
個人事業税	0.23	0.03	0.06	0.04	0.04	-0.18	-0.01
法人事業税	0.70	0.95	1.40	0.93	1.05	0.70	-0.35
固定資産税	1.31	1.02	1.34	1.76	1.68	0.03	0.33
直接税計	9.16	11.02	16.97	12.01	12.52	7.81	-4.45
間接税計	6.17	3.85	4.42	5.27	5.18	-1.76	0.77
国　税計	10.89	9.52	13.95	10.38	10.57	3.06	-3.38
地方税計	4.44	5.35	7.43	6.91	7.13	3.00	-0.30
合　　計	15.33	14.87	21.38	17.29	17.70	6.06	-3.68

注）消費税には地方消費税を含む。
資料：表1－1と同じ。

3－2　租税収入と経済活動の変化

　租税の役割は何よりも財政収入の確保にある。財政支出の増加が必要であるとすれば，租税収入も同じように増加しなければならない。税収入の成長が財政支出に遅れ，公債発行で財源を確保すれば，それは租税負担の先送りである。実際に多くの国で，財政支出は国民経済の拡大よりも速く拡大し，租税収入が遅れがちになるときがあった。

　わが国における租税収入の成長率（対前年度の増減率）は，図1－4に示されているように長期的に低下してきている。税収入合計の成長率を単純平均でみると，①1956～1974年度が16.7％，②1975～1990年度が9.2％，③1991～2006年度がマイナス0.3％になる。GDPの成長率は同じ各期間に①が15.8％，②が7.7％，③が0.8％であった[5]。わが国の税制は，最近の十年間ほどについては収入調達力が著しく低下しているのである。

図1−4　租税収入とGDPの成長率（対前年度，%）

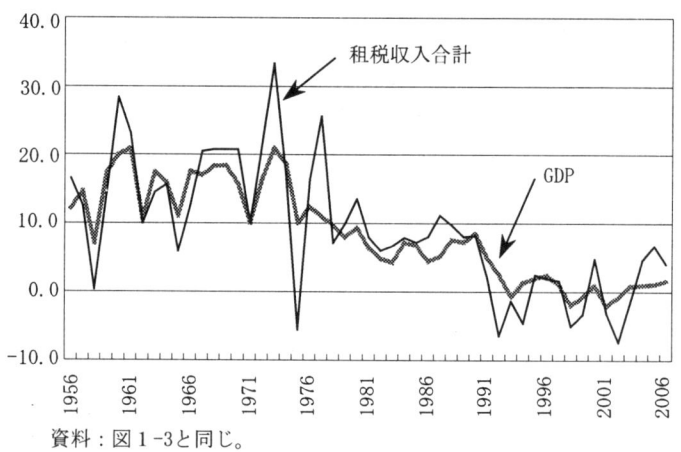

資料：図1-3と同じ。

　その原因の第1は経済成長率が低下しているからであるが，不況対策としての減税政策の影響もある。財政支出の必要性がますます高まるなかで，税率の引き上げによる民間経済活動の萎縮を避けながら税収入を増やすには，各課税ベースをできるだけ広げつつ課税を拡充させる必要がある。

　5）国税収入は①16.3%，②9.2%，③マイナス0.8%，地方税は①17.7%，②9.2%，③0.6%であった。租税収入の成長率をGDPなどの成長率で割った数値は，税収入の所得弾力性と呼ばれている。一定期間の税収入をGDPなどの関数として計測する方法もあるが，租税制度の変更による効果を組み込むことは容易ではない。単年度ごとに計算するかぎり，1991年度以降，税収入は頻繁にマイナス成長となっており，通常の弾力性の計測が意味をなさないような状況が続いていた。2004年度からは，GDPは依然として低成長であるが，法人税の増加などにより税収入合計が成長したため，単年度の弾力性は1を大きく超えている。

4 租税構造の将来課題

　所得弾力的な租税構造は，経済成長が順調なときには財政運営に余裕を与える。しかし，ひとたび経済活動が停滞すると，租税収入の減少幅は大きくなる。経済社会のさまざまな側面で財政支出の重要性が明らかであるとすれば，その費用に充てるべき租税収入の不足は重大な財政問題となる。公共サービスの重要性が高まっているとすればさらに重要である。

　税収入確保という観点からは適度に累進的な，したがって所得弾力的で所得再分配効果もある所得税は望ましい。しかし，経済変動に影響されて必要な財源が確保できないような事態を避けなければならないとすれば，本書第3章で考察するように，所得税の課税方法に工夫も必要になる。

　日本の税制の現状からすれば，法人税も当分の間は租税構造の中枢に据えなければならないであろう。しかし，国際経済化が急激に進展するなかで，法人税にはその根拠について深刻な疑問が生じてもいる。そのうえ，自国への企業立地促進を目的に，一種の税率引き下げ競争も続いているから，企業の負担水準を引き上げるわけにはいかない。

　弾力性では所得税ほど高くはないが，収入が安定している租税が必要ならば，消費税と資産税がその候補である。個別消費税から一般消費税へ転換途上にあるわが国では，消費税（付加価値税）の税収入としての重要性はまだ大きくはない。しかし，OECD諸国の例にみられるように，消費税の比重を引き上げる時期はそう遠くないように思われる。本書の第5章では付加価値税を含めて消費税を検討する。

　わが国で資産税の中心となっているのは固定資産税であるが，この税収入の安定性は高く維持されている。ただし，固定資産税はほとんどの国で地方政府の税収となっており，わが国もその例外ではない。地方財政運営という別の視点からの検討が必要で，本書の第6章で若干の考察を行なっている。租税を課税対象で分類して，所得税，消費税，資産税の比重がバランスした

構造である方が好ましいと言われることがある。こうしたバランス論を考える場合，租税収入の弾力性や安定性に加えて，各税の経済効果が問題になる。所得税は労働供給を抑制し，法人税は民間投資を阻害し，固定資産税は土地開発や住宅建設を制限するかも知れない。こうした経済効果があるとすれば，それは租税賦課による費用の一種であるが，できれば課税対象を分散させる方がよいはずである[6]。

　租税構造は国ごとに多様である。その国にはその国の価値基準があり，その基準に反しないかぎり，どのような租税構造も可能と言えるかも知れない。所得の平等な分配を最重要課題とみれば，能力原則によって累進度の高い所得税を中心に租税構造を組み上げることもできる。租税負担はできるだけ意識したくないと言うのなら，所得税は源泉徴収する方がよいし，間接税を中心にする方がよいであろう。しかし，公共サービスの費用負担として，そのサービスからの受益に対応する課税を選択するとすれば，国民あるいは住民が負担を明瞭に意識できる租税構造を目指すべきである。

6）課税対象のバランスは，所得稼得→消費→貯蓄→資産形成・保有のどの段階またはタイミングで課税するかという問題でもあるから，この面での負担の分散という意味もある。

第2章 租税論の基礎概念

1 はじめに

　租税とは政府が強制的に民間経済主体から徴収する貨幣である。

　租税を徴収する目的は財政支出の財源を確保するためであるが、納税者には直接的な利益は生じない。特定の財政支出だけの財源とする目的税は例外で、一般的な収入としての租税は通常は特定の行政施策とは関連づけられていない。目的税にしても公共施策の利益と租税負担との関連はかなり幅の広いもので、特定の利用者の利益と支払いが対応している使用料とは異なる。

　租税はこのように一般的な収入であるが、その賦課はときに特定の集団に強い影響を与える。例えば、法人税は法人組織になっている会社が支払い義務を負うから、個人の事業者には少なくとも一次的な影響はない。給与所得にかかる所得税は、給与所得以外の所得で生活している人にはほとんど無関係である。ガソリンにかかる揮発油税は車を運転する人には直接的な影響があるが、そうでない人に大きな影響はないようにみえる。しかし、租税の効果は直接的な影響を超えて、さらに広範囲に及ぶことが多い。

　納税の義務と実際の租税負担の関係は意外に複雑で、消費税のように、納税義務者が支払うべき税を自分では負担しないこともある。法律で決められた納税者を含めて、租税負担が最終的に一体誰に帰着するのかが重要である。それは何よりも、実質的な所得分配や経済活動一般に対して大きな影響を与えるからに他ならない。

　以下、本章では次章以降の租税分析で必要となる基本的な概念を整理しておくことにしよう。まず、①現代の租税原則を簡単に論じたうえで、②税率の構造と負担配分の基準を検討し、最後に③租税負担の転嫁と費用について考察する。

2　租税の原則

2-1　租税の分類

第1章でみたように，租税は課税客体（課税対象）によって大きく分ければ所得税，消費税，資産税がある。所得から消費を差し引いたものは貯蓄であるが，この貯蓄は投資され，あるいは蓄積されて資産になる。所得にかけられる税が所得税，消費への税が消費税，資産への税は資産税（または財産税）と呼ばれている。資産に対する課税はストック課税であるが，所得や消費への課税はフロー課税である。

その他にもさまざまな視点があり，分析目的に応じた分類が使用される。国が徴収する国税か，地方が徴収する地方税か。生産物市場で賦課される生産物税か，生産要素市場で賦課される生産要素税か。納税者がその収入を支出する時にかかる支出税か，収入を得る時にかかる収得税か。ある資産を保有することにかかる保有税か，売買取引にかかる譲渡税か。さらに課税標準が人の人税か，物の物税かという区分もある（表2-1）。

表2-1　租税の分類例

国　　税	⇔	地方税
普通税	⇔	目的税
人　　税	⇔	物　　税
生産物税	⇔	生産要素税
収得税	⇔	支出税
経常税	⇔	臨時税
内国税	⇔	関　　税
直接税	⇔	間接税

ただし，実質的には同じ効果を持つ税を別の視点からみているだけという場合もある。例えば，消費者の支出金額にかかる税は，所得収入がすべて支出される（貯蓄がない）場合には，所得にかかる税と同じである。雇用主（企業）が納税義務者になる賃金支払額への税は，被雇用者（家計）の賃金受

取額にかかる税と実質的には同じである。

　直接税と間接税の区分は頻繁に使用されている。直接税とはその租税の納税義務者（法律的な支払者）が最終的な負担を負う税である。間接税は納税義務者が負担をその他に移すことができる税である。この区分はあまり厳密なものではないが、負担者と支払者を区分することの重要性を知ることができる。後に述べるように、個別消費税は、納税義務者が生産者であっても、租税負担の少なくとも一部が消費者に転嫁する典型的な間接税である。個人所得税は典型的な直接税といって良い。同じく直接税とされている法人所得税は、少なくとも一部は転嫁すると考えられているが、実のところよく分かっていない。

2－2　課税の根拠

　租税はその負担者からみると費用である。所得税の賦課によって減少した所得分（納税額）は、それを消費に廻せば相応の満足が得られたはずである。間接消費税によって価格が増加して消費が減少すれば、その減少分の満足を消費者は犠牲にしている。これは財政支出のための機会費用に他ならない。一般的にいえば、租税の賦課は民間経済にとって費用なのである[1]。

　租税を賦課して、民間部門に費用を負担させる根拠は何か。その1つは政府の提供する公共財・サービスが社会にとって必要であり、その資金調達として租税収入が必要になるということである。社会が個人の集合体あるとすれば、社会的な利益は個人の利益でもあり、そのために必要な費用を負担するのは当然であると言うことになろう。租税は社会的な利益の享受に対する支払いである。後に述べる租税原則の利益説とは別の意味であるが、これは利益説からの課税の根拠である。

　もう1つの根拠は、単に費用負担が国民の義務であると言うに尽きる。国家や社会をどう考えるにせよ、それを維持・運営するための費用負担は構成

1）租税の費用については超過負担を説明するときにもう一度考察する。

員である国民が負わなければならない。この場合，租税を支払う者が財政活動によって利益を受けているかどうかは関係がない。たとえ利益が無いとしても，義務として支払わなければならないという考え方である。この義務説と言われる課税根拠には，国あるいは地方政府が国民や住民の単なる集合体とは別の実体であるという考え方が入り込む余地もある。

わが国では，憲法第30条で納税義務が規定されている。所得などの私有財産は保護されるべきであるが，租税として徴収された資金が公共の目的に使用され，社会一般の利益になることが明確ならば，納税の「義務」も国の基本法として正当なものとなる[2]。ちなみにわが国においても脱税は犯罪であり，各税法は延滞税や重加算税，懲役や罰金の規程を設けている。

2-3 租税原則

租税原則の議論には非常に長い歴史があるが，現代の租税原則は，①公平性，②効率性（または中立性），③簡素の3つに集約される[3]。

---

2) 納税の義務は勤労および教育の義務と並んで，国民の3大義務である。また，第84条には「あらたに租税を課し，又は現行の租税を変更するには，法律又は法律の定める条件によることを必要とする」と租税法律主義が規定されている。

3) これに加えて敢えて言えば，原則というよりも当然の前提と言うべきかも知れないが，租税収入は財政支出を賄うのに十分な量が確保される必要がある。もちろん財政支出の必要量については社会的に合意しなければならないし，国家あるいは公共団体を個人との関係でどのように把握するかにもよるが，財政支出が構成員の意思によって先に決まるものとすれば，その支出を租税によって裏付けするのは構成員の義務といって良いはずである。租税は少ないほどよいという議論も可能であるが，いずれにしても財政支出との関連を無視するわけにはいかない。

公平性とは，租税負担の配分が社会的に認められた「公正」の概念に適合していることである。公平な課税は租税支払い能力にしたがった租税負担を要請する。また，等しい経済状況にある者は課税上も等しく取り扱われ（これを水平的公平と呼ぶ），等しくない状況にある者は課税では異なる取り扱いを受ける（これは垂直的公平である），というように展開されるのが普通である。

効率性とは，租税が賦課される民間の経済活動に対して，その効率性を低下させないことを要請する。具体的には，民間経済における資源配分が租税賦課によって影響を受け，ある活動だけが減少したり増加したりしないことが望まれる。民間経済活動に対する中立性と表現されることも多い。

最後の簡素というのはシンプルと言うことであるが，意味内容は広い。租税の賦課を規定する税法が単純であると言うことよりもむしろ，租税を賦課して徴収し，あるいは申告して納税するという過程がシンプルで費用が少ないことである。脱税が頻発するような税や納税のために人員と費用を多く掛けなければならないような税は，簡素とは言えない。

以上の原則には，相互に対立する側面がある。後の章で詳述されるが，所得税の公平性を維持するためには納税者個人の所得はもとより家族構成や所得源泉の差異までも考慮しなければならない。しかし，そうした細かな配慮を巡らせることによって簡素の原則からは離れることになる。効率性の原則も本章で後にみるように，公平性の原則とは対立することが多い。

したがって，租税について現実的に考える場合には，3つの原則のどれかを重視して考えなければならない。これまでのわが国では公平性の原則が比較的に重視されてきたし，これからも重視されると思われる。ただし，公平性の原則は価値判断を伴うものであり，明瞭で客観的な基準を作るのが難しいという点にも注意が必要である。次の節で具体的に考察しよう。

3　負担配分の基準：利益原則と能力原則

3-1　利益原則

　租税負担はどのようにすれば公平に配分できるか。課税の公平性を実現させるには，2つの異なった考え方がある。利益原則（利益説または応益説）と能力原則（能力説または応能説）である。

　利益原則のもとでは，個人の支払う租税はその個人が公共部門から受ける利益と一致しなければならない。ある個人が公共サービスから受けた利益の大きさが，租税負担額を決定するという訳である。多くの利益を受けた者が多くの負担を引き受けるというのは理解し易い。次の図2-1は利益説による公共財の負担配分を説明するものである。横軸には公共財の量，縦軸には租税負担額と公共財の供給費用を測る。個人Aの需要曲線がD_A，個人Bの需要曲線がD_Bで，供給曲線はSである。

図2-1　利益説による負担配分

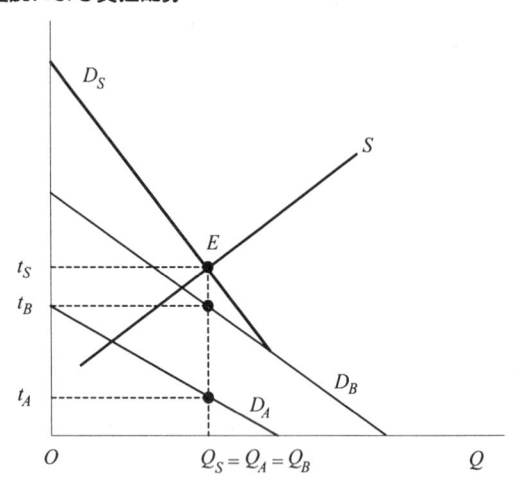

　需要と供給の均衡は点Eで達成されて，公共財はQ_Sが供給される。純粋公共財の消費は競合しないから，各個人の消費量は互いに等しく（$Q_A = Q_B$）

かつ Q_S に等しい。利益説にしたがって負担費用を配分すると，各個人はその利益（正確に言えば限界利益，需要曲線の高さで示される）に一致する租税を負担することになる。すなわち個人 A は t_A，個人 B は t_B の租税を負担し，その合計は社会全体の負担 t_S に等しくなる。

こうした利益説による租税負担配分は，合理的だがおそらく上手くいかない。各納税者が自分の受けたサービスの利益をある程度まで正確に表明しなければ負担額は決められないから，負担配分が不正確かつ不公平になる可能性がある。しかし，人口数の少ない地域社会で特定サービスだけという条件下ならばかなり正確に機能する余地はある。利益と負担が完全に一致しないとしても大体は一致するという合意ができれば，多くの国の目的税にみられるように，特定サービスに限って利益説を適用することは可能である。

利益説の利点は，公共財の費用負担を利用者の利益と結びつけ，公共支出の意思決定を効率化させる契機になるということにある。利益よりも負担が大きければ，そうしたサービス供給にはブレーキがかかるという訳である。上手く機能すれば，財政支出の効率化に結びつく重要な考え方である。しかし，公共財の価格として機能させようということであれば，租税ではなく料金制度を検討して導入する方がよいのかも知れない。

3−2 能力原則

能力原則では，負担の大きさを租税支払い能力に関連づけている。租税の負担は各納税者が受ける公共財の利益には関係なく，租税を負担する能力に応じて決められる。

この場合の問題は言うまでもなく，支払い能力の測定である。同じ経済状況にある者には同じ負担を求めるという水平的公平は，公平な租税負担の基本的な条件である。しかし，同じ経済状況をどのように考えるか。年間の所得稼得額でみるのは一般的であるが，家族の数，年齢，勤務形態等々，考慮しなければならない要素は多く，同じ経済状況を明確にするのは意外と難しい。見方によっては，支払い能力の尺度として所得よりも消費や保有資産の

ほうが優れているかも知れないし，所得以外に消費や資産の状況を加えて測る必要があるかも知れない[4]。

　異なる経済状況にある者が異なる負担を負うという，垂直的公平の適用も同じように難しい。さらにこの場合には，異なる経済状況に対する負担の差異の程度の問題が加わる。1,000万円の所得と200万円の所得で負担が異なるのは分かるが，実際にどの程度まで異なればよいのか。これは税率構造の問題でもある。以下で単純な例をあげて検討しよう。

3－3　税率構造

　税率構造は，比例税率，累進税率，逆進税率に分けられる。この分類に関連して，平均税率（ATR）と限界税率（MTR）の区分も重要である。次の表2－2は3種類の税率構造の数値例である。単純な所得税を考えて，課税所得が増えると税額が変わっていくことが示されている。また，こうした課税所得と税額との関係は図2－2のようになる。

　①の比例税率はフラット税率とも呼ばれており，所得金額が変わっても平均税率が一定で変化しない。平均税率とは税額を所得金額で割った数値（税額÷所得金額×100）で，負担率と呼ばれるときもある。この例では20％である。限界税率は所得の増加分にかかる税額の増加分の割合である。所得が200万円から600万円へ400万円増えたとき，①では税額は40万円から120万円へ80万円増加するから，80÷400×100＝20％が限界税率である。比例税率の場合には限界税率も一定である[5]。

4）さらに，ある一定期間の所得でみるのか，生涯を通じて得る所得でみるのかと言う問題もある。また，働かない時間（余暇）には課税できないから，実現した所得ではなく潜在的な所得稼得能力で測らなければならないという考え方さえある。「能力」を測るのが無理だとすれば，「結果」を調整して能力の尺度にする現行の方法しかないだろう。

5）課税最低限（課税されない所得金額）のある所得税制では，限界税率が一定でも平均税率は上昇する。詳しくは第3章を参照されたい。

表2-2　所得税の税率構造

万円, %

納税者	課税所得	①比例税率 税額	MTR	ATR	②累進税率 税額	MTR	ATR	③逆進税率 税額	MTR	ATR
1	0	0	0.0	0.0	0	0.0	0.0	0	0.0	0.0
2	200	40	20.0	20.0	20	10.0	10.0	80	40.0	40.0
3	600	120	20.0	20.0	80	15.0	13.3	160	20.0	26.7
4	1,200	240	20.0	20.0	200	20.0	16.7	250	15.0	20.8
5	2,000	400	20.0	20.0	500	37.5	25.0	310	7.5	15.5
計	4,000	800	—	20.0	800	—	20.0	800	—	20.0

MTR：限界税率（税額の増加分／課税所得の増加分×100）
ATR：平均税率（税額／課税所得金額×100）

図2-2　所得金額と税負担額のパターン

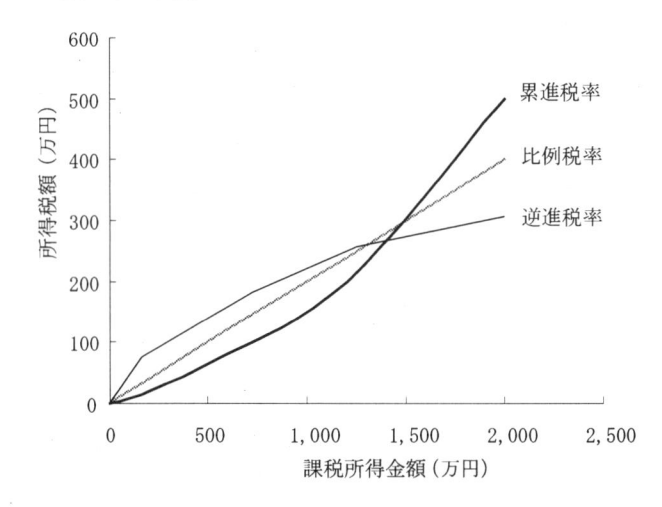

②の累進税率は所得の増加とともに平均税率が上がっていく税率構造である。すなわち，負担率が上昇するのであるが，もちろん租税負担の絶対額も増加する。所得再分配政策を行なって，市場で実現した所得分配を平等化させようとする場合には，累進税率構造が適切である。この例では限界税率も上がるように設定している[6]。

③の逆進税率は累進税率とは逆に、所得金額が増えると平均税率が低下する税率構造である。限界税率が所得の増加とともに低下して、それにしたがって平均税率も低下していく。ただし、税負担額それ自体は減少しないこともあり得る。この表の例でも、税額は増加するように数値が選んである。

　所得の大きさにかかわらず一定の金額を課税する定額税（わが国の住民税均等割がその一例である）は、所得に対して逆進的になる。消費支出に比例的にかかる一般消費税は、消費支出の割合が所得の上昇とともに減少するから、所得に対しては逆進的になる。どのような税率構造が公平性の原則にどの程度まで適うかを判断するのは難しい。現実的には何らかの判断をしなければならないのだが、租税原則には別の原則もあり、1つの原則だけを重視することは決して賢明なことではない。

4　租税の転嫁と費用

4－1　個別消費税

　公平性の原則の難しさは、納税者の個別事情や公平に関する価値判断にだけあるのではない。多くの租税には転嫁する可能性がある。すなわち、法律で決められた納税者が、実際には租税を負担しないということが起こる。もし転嫁が起これば、能力原則にしたがって租税負担を課したとしても、実際には公平な負担にならないかも知れない。

　6）ただし、限界税率が上昇する必要はない。一定額の課税最低限が設けてあれば、限界税率が低下しても、平均税率を上昇させることはできる。例えば、200万円を課税最低限として、それを越える500万円までの所得には限界税率27％、500万円を越える所得部分には24％で課税すれば、所得500万円の者の平均税率は16.2％（300万円×0.27＝81万円，81万円÷500万円＝0.162），所得1,000万円の者の平均税率は20.1％（500万円×0.24＝120万円，81万円＋120万円＝201万円，201万円÷1,000万円＝0.201）になる。

個別消費税を例に挙げるのが分かり易い。消費者は消費を行なう度に，価格に含まれている消費税を支払っている（負担している）が，消費者自らがその税額を税務当局に納税することは無い。つまり納税者と負担者が異なるわけで，例えばコンビニの経営者の納税額を検討しても公平かどうかは判断できない。転嫁とはごく一般的に言えば，租税が賦課されて経済的な負担が確定するまでの過程のことであるが，この過程で租税負担が転嫁すると実質的な所得分配が変化する。

次の図2-3は課税される財の数量にかかる従量税について，個別消費税の経済効果を示したものである。横軸は課税される財の供給・消費量，縦軸は租税を含む価格を測っている。需要曲線はDであるが，ここでは価格が変化しても需要量が変化しない極端な場合を想定し垂直に描かれている。供給曲線はSである。課税前の市場均衡点はE_0で均衡価格はP_0，均衡数量はQ_0になる。

図2-3　個別消費税の負担

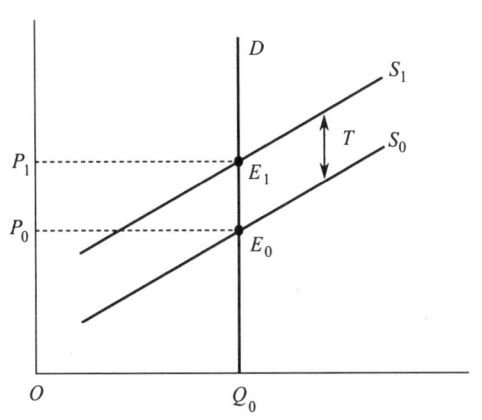

個別消費税が生産者に賦課されると，財1単位当たりTの税額を支払わなければならない。そこで，供給曲線はS_0から税額だけ上方へシフトしS_1になる。均衡点はE_0からE_1へ移動し，均衡価格はP_1へ上昇するが，均衡数量はQ_0で変わらない。消費者は課税前より高い価格を支払い，生産者は課

税前よりも高い価格を受け取る。しかし，生産者は P_0P_1 の租税を支払わなければならないから，税引き後の受取価格は P_0 で課税前と変わらない。この場合には，租税は納税者である生産者から消費者に転嫁（前転）し，負担は消費者に帰着する[7]。生産者に対する課税が消費者の実質的な所得を減少させるのである。なお，税額の合計は単位当たり税額×販売数量であるから，図の四角形 $P_1P_0E_0E_1$ の面積で示すことができる。

4-2 効率性の原則

上の例では，個別消費税が課税されても生産・消費量は変化しなかった。これには重要な意味がある。次の図2-4は上とは別の極端な例であるが，

図2-4　弾力的な需要曲線

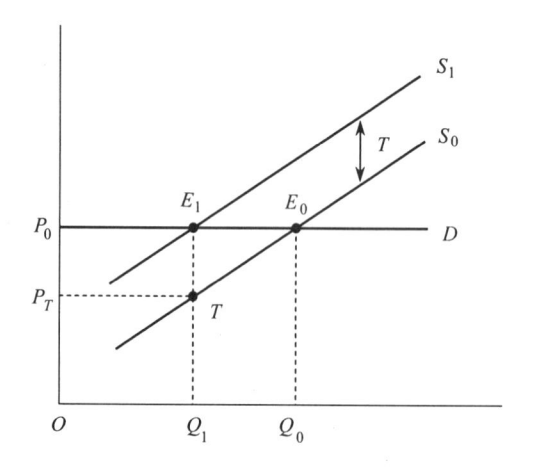

---

7) 消費者の負担はそれ以上転嫁することはないが，生産者の負担は後転するかも知れない。就業者の賃金減少，原材料の納入業者への支払い額の低下など可能性はさまざまである。

もう1つの租税原則を理解する手掛かりにもなる。前の図とほとんど同じだが，ここでは需要曲線Dが水平で価格に対して無限に弾力的である。

個別消費税が課税されると，供給曲線はS_0からS_1へ上方シフトし，均衡点はE_0からE_1へ移動する。この場合には，課税によって価格が上昇しない。しかし，生産・消費量は減少する。もちろん，納税者である生産者にとって税引き後の価格はP_Tに低下している。消費者の支払う価格は課税前と同じであり，市場価格は上昇せず消費者への転嫁は生じない。税額は四角形$P_0 P_T T E_1$の面積になるが，この場合には全額を生産者が負担する。

課税によって生産・消費量が減少することが重要である。生産額（＝生産量×価格）は課税前には四角形$P_0 O Q_0 E_0$の面積，課税後は$P_0 O Q_1 E_1$の面積で示される。生産の減少は生産者にとって好ましいことではないし，消費者にとって消費の減少は好ましいことではない。課税前の生産・消費量が消費者と生産者の合理的な判断の結果であるとすれば，課税はその効率的な資源配分を攪乱させているのである。

租税原則の効率性は，民間経済活動が租税によってできるだけ変更されないことを目指すものであり，言い換えれば租税が民間経済活動に対して中立的であることを要請する。具体的には，課税によって生産量や消費量，労働などの生産要素供給量ができるだけ変化しないことである。図2－3の例では生産・消費量は変化しないが，図2－4の例では生産・消費量が減少している。効率性の原則からは需要が非弾力的な前のケースが支持されるのである。

4－3　超過負担

課税による生産量の減少の大きさは，需要の価格弾力性の違いによって変化する。この点を次の図2－5によって確認しよう。供給曲線Sは，単純化のために限界費用が一定であるとして水平に描く。課税前にはS_0で，従量税の課税後にはS_1に上方シフトするのはこれまでと同様である。需要曲線D_X, D_YはそれぞれX財とY財に対する需要曲線である。

図2-5 超過負担と需要の弾力性

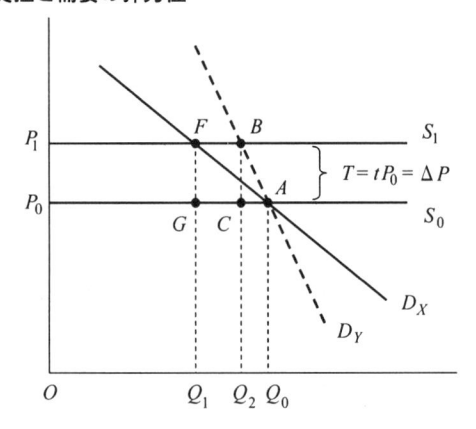

供給曲線が上方シフトすると，X 財の場合には均衡点は A から F へ移動する。市場価格は P_0 から P_1 へ上昇し，消費者はその価格 P_1 で Q_1 量を消費する。生産者は Q_1 を販売して，その販売収入 P_1OQ_1F から税額 P_1P_0GF を納税する。なお，供給曲線が水平で完全に弾力的な場合には，需要曲線が弾力的ならば租税負担は消費者に完全に転嫁する。

次に，需要の弾力性がより小さい Y 財の場合をみよう。供給曲線のシフトによって，Y 財の均衡点は A から B へ移動する。消費者は価格 P_1 のもとで Q_2 を消費する。課税後の販売額は P_1OQ_2B で，そのうちから支払われる税額は P_1P_0CB である。需要の価格弾力性が小さい財ほど生産・消費量の減少は小さく，税額は大きくなる。

さらに重要な点は，価格弾力性が小さいと超過負担が小さくなることである。超過負担とは課税による消費者余剰の減少（失われた経済厚生）で，直接的な費用である租税負担額を超える負担のことである[8]。超過負担は Y 財では三角形 ABC，X 財では AFG の面積である。図から明らかなように，弾力性の小さい Y 財は超過負担が小さい。

8）ここでは消費者の超過負担だけを考慮しているが，生産者にも超過負担が生じる。消費者余剰と生産者余剰については，第7章を参照されたい。

効率性の原則は，この超過負担をできるだけ少なくするような税制を要請してもいる。要点だけを述べると，価格弾力性の小さい財ほど重い課税を行なうことが望ましいということである。弾力性の大きいX財の税率を下げて，弾力性の小さいY財の税率を上げることで超過負担の総額は減少する。こうした，負担率が弾力性の大きさとは逆の課税という意味で，逆弾力性のルールと呼ばれる課税方式である[9]。

　効率性の原則は公平性の原則と両立しにくい。需要の価格弾力性が小さい財はいわゆる必需品であり，価格が多少高くなっても買わなければならない。効率性の原則は，そうした必需品に対して高税率の課税を勧めることになる。必需品購入額の所得額に占める割合は所得が少なくなれば増加するであろう。必需品への課税強化は公平性の原則からすれば望ましくない。租税の賦課はまず納税分が費用であって，そのうえに超過負担などの租税収入額として表示できない費用が加わる[10]。租税賦課の費用をできるだけ抑制することはきわ

9）超過負担の総額を最小化するこの課税方式は，ラムゼイ・ルールとも呼ばれる。X財の税率をt_X，Y財の税率をt_Yとして，それぞれの財の需要の価格弾力性をE_X，E_Yとすると，このルールは次のように表すことができる。

$$t_X E_X = t_Y E_Y$$

価格弾力性Eは需要量の変化率$\Delta Q/Q$を価格の変化率$\Delta P/P$で割ったもので，

$$t_X \frac{\Delta Q_X/Q_X}{\Delta P_X/P_X} = t_Y \frac{\Delta Q_Y/Q_Y}{\Delta P_Y/P_Y}$$

のようにも書ける。ここで，X財の税率および弾力性を一定とすると，Y財の弾力性がX財よりも小さいときにはY財の税率を高くしなければならない。Y財の弾力性がX財より大きいときにはY財の税率を引き下げるべきであると言うことである。

10）租税の費用には，さらに政府の税務行政上の費用（administrative costs）と納税者の法令遵守費用（compliance costs）がある。前者には租税の賦課，徴収に関わる行政を行なうための経費が入る。後者には納税者の税務申告書類作成時間や税務処理委託経費から心理的な負担まで広範な費用がリストアップされる。いくつかの計測では，税収入の数％から10数％に達するとみられている。

4-4　限界超過負担と租税構造

　効率性の議論は，公平性の観念からは受け入れることが難しい。しかし，租税の経済効果を把握するためには重要な考え方である。最後に，具体的な数値例をあげて，課税による超過負担の変化に触れておこう。いくつかの重要な観測が可能である。

　図2-6は横軸に財の数量，縦軸には価格が測られ，需要曲線はD, 供給曲線Sは限界費用一定を仮定して横軸に水平である。課税前の供給曲線S_0は，課税によってS_1, S_2と上方へシフトしていく。課税前の均衡点はA, 価格はP_0, 消費量はQ_0である。課税後の均衡点はBになり，価格はP_1へ上昇し，消費量はQ_1へ減少する。この最初の課税による超過負担は三角形ABCの面積で示される。

　次に，さらに同額の個別消費税が追加課税されると考えよう。価格はP_1からP_2へ上昇し，消費量はQ_1からQ_2へ減少する。追加された租税の下では，超過負担は三角形AFGの面積で示される。超過負担の増加は$AFG-ABC=FGCB$である。これが租税の追加による限界超過負担である。

　図の面積を比べると分かるように，限界超過負担は税が追加される前の超

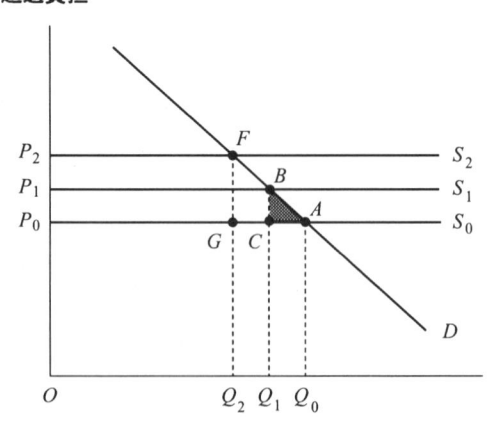

図2-6　限界超過負担

表2－3　税収入と限界超過負担

① 税込価格	② 販売数量	③ 販売収入	④ 税収入	⑤ 税収入増加額	⑥ 超過負担	⑦ 限界超過負担	⑧ 限界超過負担/税収入増加額
円	個	円	円	円	円	円	円
100	1,000	100,000	0	—	0	—	—
101	950	95,950	950	950	25	25	2.63
102	900	91,800	1,800	850	100	75	8.82
103	850	87,550	2,550	750	225	125	16.67
104	800	83,200	3,200	650	400	175	26.92
105	750	78,750	3,750	550	625	225	40.91
106	700	74,200	4,200	450	900	275	61.11
107	650	69,550	4,550	350	1,225	325	92.86

過負担に比べてかなり大きくなる（この例では4倍）。また，追加的に課税が行われる前の状況によって，同額の課税が異なる負担を発生させることも重要な点である。表2－3によって具体的な数字をあげて確認しておこう。

課税前には，100円の価格で1,000個が販売されていた（表の第1行）。この財に対する個別消費税（従量税）を1円刻みで増税していくとして，価格が1円増加すると販売数量は50個減少すると考える（需要曲線が $Q=6000-50P$ の単純モデルである）。税込み価格が101円になると，販売数量は950個になり，税収入は950×1＝950円となる。超過負担は，消費減少量×税額÷2であるから，50×1÷2＝25である。

税額を1円増やして2円にすると，価格が102円で販売数量は900個になる。税額は900×2＝1,800円である。超過負担は，100×2÷2＝100円になる。この段階では，税額が倍になると税収入も倍近くになるが，超過負担は4倍に増加してしまうのである。[11]

---

11) なお，税額を引き上げて得られる税収入には限界がある。この単純モデルでは税額10円で販売数量は500個になり，税収入は5,000円になるが，これ以上の税額では税収入はかえって減少する。第4章で触れるラッファー曲線によって改めて論じられるようになった，この税収入の限界は税制を設計する上でときに重要な要素になる。

税の追加分だけでみるとどのような効果があるだろうか。課税無しの状態からみると，1円の課税によって税収入は950円増える（表の⑤欄）。そのとき超過負担は25円である（表の⑥欄）。税額がさらに1円増えると税収入は850円増えるが，超過負担は合計で100円になるから，その追加した1円だけでみると（つまり限界でみると）75円の増加で（表の⑦欄），同じ1円の税が3倍の超過負担を伴うのである。

　表の⑧列の数値は，税額1円の追加によって増加する超過負担（限界超過負担）を，増加する税収入（限界税収入）で割った比率である。表では税収入を追加的に100円得るのに必要な超過負担として示している。最初の課税1円分では2.63円であるが，次の1円分では8.82円，次の1円分では16.67円と急速に上昇していく。このことは，既に高い税をかけている財に対しては，わずかな増税でも経済厚生の減少という費用が高くなることを示している。

　需要および供給の価格弾力性は課税対象ごとに異なるから，ケースごとの検討が必要ではある。しかし，税率と超過負担の関係，税率と税収入総額の関係からみると，課税対象をいくつかに絞って，それに高税率で課税して税収入を確保するという方法は一般的に好ましくないと言うことである。

　後の章で考察される所得税や法人税にも，以上で検討した超過負担は発生すると考えられる。市場の条件によってその程度は異なるが，たとえ超過負担が小さいとしても，それは税収入を財源にした公共サービスによって，通常は補償できない経済厚生の損失である。したがって，税収入の大きさとそれを実現させる租税制度を検討するに際して無視できない重要性がある。

第3章　所得税

1 はじめに

　所得税は所得に賦課される税である。対フランス戦争の戦費調達のため，1799年にイギリスで，世界で初めて所得税が導入された。課税所得の計算に各種所得控除を設けるなど既に現代的な所得税の形態を整えていたが，課税されるのは一部の高額所得者に限られ，税率も高いものではなかった。現代の所得税のように，多くの個人が納税義務を負うような，いわば大衆的な租税ではなかった。わが国においても，明治時代に導入された時の状況は同じで，納税者も少なく税収もわずかなものであった。

　各国とも何度かの戦争を経験するなかで，所得税制度もいわば磨かれて進化し複雑化している。また，経済成長に伴って課税所得が増加し課税範囲も拡大して，現在では，多くの国で所得税は税収入における枢要な地位を占めるようになっている。

　わが国の2006（平成18）年度の国税収入決算額は54.1兆円であるが，この合計額のうち所得税は14兆円，構成比で26%を占めている。すなわち国税収入の4分の1以上が，基本的には個人の負担する所得税によって調達されている。法人税（構成比27.6%）および消費税（同19.3%）と並んで，所得税はわが国の財政を支える重要な税である。

　税源として重要なだけでなく，所得税には所得再分配というもう1つの役割があると考えられている。所得税は物にかかる税（物税）ではなく，人にかかる税（人税）であり，個人ごとの経済状況の差異，例えば妻子がいる，病気治療の必要がある，営んでいる事業の利幅が薄いなど，個人別に異なる租税負担能力を考慮してきめ細かい課税ができる。そこで，租税負担能力に見合った課税を行なって，併せて所得分配を平等化する役割が期待されるのである。

　しかし，能力原則による所得再分配にも問題がないわけではない。所得分配の平等化を図ることそれ自体は良いとしても，その過程で所得税が労働意

欲や事業意欲を阻害して，労働市場へ影響を及ぼす可能性がある。また，所得税の課税は税負担以上の負担を経済全体に与えることも懸念される。さらに，所得税における課税所得は租税負担能力を適切に表すことができていないかも知れない。

本章では，①わが国の所得税制度をできるだけ整理し，②その負担状況を検討して，③所得税のさまざまな経済効果を考察する。最後に，所得税の将来を考える糸口として，④所得の定義を巡る議論のいくつかを紹介したい。

2 所得税制度の概略

2-1 課税所得の種類

日本の所得税法は，課税すべき所得を10種類に分類している。各所得の内容と課税所得金額の計算方法は表3-1に示すとおりである。

所得とは1年間に得た収入からその収入を得るためにかかった費用を差し引いた金額である。計算方法は所得ごとに多少異なる場合があるが，基本的には，

収入金額－必要経費＝所得金額

と計算される。いくつか例を挙げると，利子所得は原則的に費用がかからないので，収入金額がそのまま所得金額になる。山林所得などは必要経費もかかるが，山林を育成するのに必要な年月等を考慮して，一定金額をさらに収入から差し引いて（特別控除額）所得金額を計算する。給与所得の場合には給与所得控除の制度があり，必要経費に代えて給与所得控除が行われる。

各種所得金額を計算し，合計したものが合計所得金額である。そこから基礎控除や配偶者控除などの各種所得控除を差し引いて求められるのが課税所得金額である[1]。課税所得金額に超過累進税率を適用して税額を計算し，さらにその税額から税額控除を差し引いたものが納税額になる。個人が得る所得の種類が増えると計算は非常に複雑になるが，基本的な所得税の計算過程は以上のとおりである。以下，重要な点だけをみていこう。

表 3-1 所得の種類

種類	内容	所得金額の計算
利子所得	預貯金利子，国債利子などの所得	収入金額＝利子所得金額
配当所得	株式，出資金の配当などの所得	収入金額－株式等取得のための借入金の利子
不動産所得	土地や建物の貸付などによる所得	総収入金額－必要経費
事業所得	農業，商業，製造業などの事業による所得	総収入金額－必要経費
給与所得	給与，賃金，賞与などの所得	収入金額－給与所得控除額等
退職所得	退職手当など退職時に一時に受ける所得	(収入金額－退職所得控除)×1／2
譲渡所得	土地，建物など資産の譲渡による所得	収入金額－取得費－譲渡費用－特別控除額
山林所得	山林を伐採または立木のまま譲渡した所得	収入金額－必要経費－特別控除額
一時所得	上の所得以外の一時的な所得，懸賞金，競馬の払戻金，保険の満期返戻金など	収入金額－その収入を得るために支出した金額－特別控除額
雑所得	年金，恩給などの公的年金 作家以外の者の原稿料など上記のいずれにも該当しない所得	公的年金：収入金額－公的年金等控除額 その他：収入金額－必要経費

注）譲渡，山林，一時所得の特別控除額には上限50万円がある。また，譲渡所得の所得金額の計算は総合課税の場合で，分離課税の場合には計算が異なる。
　株式の譲渡はその目的に応じて，譲渡所得，事業所得，雑所得に区分される。一定の上場株式については，個人の株式投資促進の観点から税率が軽減されている。

　1）合計所得から各種所得控除を差し引いた金額に税率をかけるという課税方式が原則である。これを総合課税の原則と呼ぶ。総合課税には損益通算が必要である。各種の所得金額を計算すると，収入より費用が大きく，損失（赤字）が生じる所得もある。この損失を，黒字になっている所得と相殺しなければ租税負担力としての所得は計算できない。わが国の所得税制では，不動産，事業，山林，譲渡の各所得計算で損失がでた場合，その損失を他の各種所得から控除できるが，損失を相殺する所得の順序など細かな規程がある。
　総合課税の例外として，分離課税も認められる所得がある。退職所得，山林所得，土地・建物の譲渡所得で各々課税方法が異なる。また，上場株式の配当所得は総合課税と分離課税のどちらかを選択できる。

2－2 所得控除

　前述したように，課税所得を計算するには，合計所得金額から各種の所得控除を差し引く。すなわち，

　　合計所得金額－各種所得控除額＝課税所得金額

である。したがって，所得控除の金額が増えると課税所得が減少し，税負担も減少するのである。

　所得控除の種類とその概要は表3－2に示されているとおりである。人的控除とその他の控除に分けられることが多い。人的控除では，無条件で全員に適用される基礎控除，配偶者があることで適用される配偶者控除，扶養親族1人に対して適用される扶養控除は，健康で文化的な最低生活のために必要な経費として課税されないと考えられている。その他の控除では，社会保険料等も同じ理由から全額が控除されている。

　所得控除は何らかの政策意図や理念によって，納税者個人の生活・経済状況に応じてきめ細かく設定できる。ある所得控除を受けられるかどうか，その金額が多いか少ないかによって，各個人の納税額には差異が生じる。しかし，それこそが所得税の特徴である。

　所得控除によって課税所得は減少するから，租税負担も減少する。そこで所得控除は，減税政策やその他の社会政策の手段として活用され拡大してきた。注意すべきは，同一の所得控除の減税効果が個人間でかなり異なるという点である。減税効果が異なるのは，納税者に適用される税率が所得区分ごとに異なるためである。この点は，税率について確認した後に，改めて税額控除制度とともに考察しよう。

　所得控除に関連して，課税最低限という考え方に触れておこう。所得控除があるため一定額以下の所得には所得税がかからない。この金額が課税最低限である。給与所得者の場合には，課税最低限として①給与所得控除，②基礎控除，③配偶者控除，④扶養控除，⑤特定扶養控除，⑥社会保険料控除を考えることが多いが，①や⑥には議論もある[2]。この課税最低限は当然ながら，

表3-2 所得控除の種類と控除額

区分	控除の種類	適用条件の概要等	金額（万円）
人的控除	基礎控除	条件無し	38
	配偶者控除	生計を一にする配偶者で所得38万円以下	38
	老人控除対象配偶者	同じく70歳以上の配偶者	48
	扶養控除	生計を一にする扶養親族で所得38万円以下	38
	特定扶養親族	同じく16歳以上23歳未満の扶養親族	63
	老人扶養親族	70歳以上の扶養親族	48
	同居老親等	老人扶養親族で同居の親，祖父母等	58
	障害者控除	本人，配偶者または扶養親族が障害者	27
	特別障害者	同じく重度の障害者である場合	40
	寡婦（寡夫）控除	本人が寡婦または寡夫であること	27
	勤労学生控除	本人が勤労学生であること	27
その他控除	雑損控除	災害，盗難などによる住宅・家財の損失	(A)
	医療費控除	医療費と関連支出	(B)
	社会保険料控除	社会保険料の支払額[注1]	全額
	小規模企業共済掛金控除	掛金の支払額	全額
	生命保険料控除	生命保険の保険料・掛金の支払額	限度額 5
		個人年金保険料の支払額	限度額 5
	地震保険料控除[注2]	地震等損害部分の保険料支払額	限度額 5
	寄付金控除	公共・公益団体途への寄付金支出	(C)

（A）災害損失額＋災害関連支出－年間所得×10％と災害関連支出－5万円のうち多い方の金額。
（B）10万円を超過する医療費が控除できる（限度額200万円）。
（C）特定寄付金の合計額－5,000円と年間所得額×40％－5,000円のうち低い方の額。
注1）社会保険料とは，健康保険，国民健康保険，雇用（失業）保険，厚生年金保険，国民年金等の掛金や保険料である。
注2）長期損害保険料の支払いには経過措置がある。

家族構成や収入の大小によって金額が変わる。2004（平成16）年以降では，単身者は114.4万円，夫婦子供2人（1人は特定扶養親族）の場合には325万円などと計算される。

2）さらに配偶者控除については，主婦の社会進出にはマイナスであるという理由から反対もある。配偶者に一定額以上の課税所得があれば控除は適用されないから，例えば主婦がパートの就業時間数（収入）を制限することが生じる。なお，課税最低限は最低生活費であるという解釈から，②基礎控除，③配偶者控除，④扶養控除の合計を課税最低限とする見解もある。

2－3　税率構造

税負担を決める次の要素は税率である。多くの先進諸国と同じように，わが国の所得税は超過累進税制を採用している。超過累進税は，課税所得をいくつかの区分（ブラケット）に分けて，その区分の金額が大きくなるにつれて高い税率を適用する税率構造である。

最近の税率構造は，次の表3－3に示されている。課税所得ゼロから195万円までの区分には5％，195万円超330万円までの区分には10％というように課税する。例えば，課税所得が500万円の納税者は，最初の195万円に対して9.75万円（＝195×0.05），次の330万円までの135万円には13.5万円（＝135×0.10），最後の170万円分には34万円（＝170×0.20）となり，納税額は合計の57.25万円になる。わが国の税率構造は以前に比べるとブラケットの数が増え，最低税率がより低く，最高税率は高くなっている。[3]

表3－3　税率構造

万円，％

1988（平成元）年		1999（平成11）年		2007（平成19）年	
課税所得階級	税率	課税所得階級	税率	課税所得階級	税率
				～195	5
～300	10	～330	10	～330	10
～600	20			～695	20
～1,000	30	～900	20	～900	23
～2,000	40	～1,800	30	～1,800	33
2,000超	50	1,800超	37	1,800超	40

課税所得区分ごとの税率（表の5％～40％）を限界税率と呼ぶ。一般的に言えば，所得の増加分（ΔY）に対する税負担の増加分（ΔT）の割合が限界税率（$\Delta T/\Delta Y$）で，所得額合計（Y）に対する税額合計（T）の割合である平均税率（T/Y）とは異なる。

所得控除が税負担に与える効果は，限界税率の差異によって変化する。数値例を挙げよう。所得控除の合計額が100万円であるとすると，収入が600万円なら課税所得は500万円である。このとき税額は，上で計算したように

57.25万円である。この納税者の平均税率は9.5％（＝57.27÷600）になる。限界税率は，課税所得が最終的に税率20％の区分に入るから20％である。つまり最後の10万円の課税所得には2万円の税がかかる。

ここで，所得控除が100万円から10万円増えたと考えよう。上と同じ納税者は課税所得が500万円から490万円に10万円減少する。しかし課税区分（限界税率）は変化しないから，税額は2万円（＝10×20％）減少する。課税所得1,810万円の別の納税者は限界税率40％の区分に入るから，課税所得が10万円減少すれば税額は4万円（＝10×40％）減少する。すなわち，所得控除による減税の効果は，累進税制の下では高所得者に有利に働くのである。

減税の方法には税額控除もある。わが国でも，算出された税額から一定の税額を差し引いて納税額を決めるという税額控除制度がある[4]。この税額控除によれば，所得水準にしたがって適用される税率に関係なく一定額だけ税額が減るから，所得水準の差による減税額（租税利益）の大小という差異は無くなる。ただし，控除できる税額が無ければその利益は受けられないから，制度の設計に際して何らかの配慮が必要になる[5]。

3）税率構造は租税負担全体の大きさと所得階層間の配分を決める。先進各国も財源の必要性が高まるとともに税率を引き上げ，その累進構造もより高度になってきたという歴史がある。わが国でも，1969（昭和44）年改正では最低税率10％，最高税率75％，税率区分16段階という高度に累進的な税率構造が採用され，その後15年間続いた。この当時に比べると，現行の税率構造はかなりフラットで，後に述べる資源配分への負の影響も少ないと考えられる。

4）税額控除には，配当所得に対する法人税と所得税の二重課税を排除するための配当控除，居住用家屋の建設等を促進するため借入金の一定額を控除する住宅ローン控除，主に事業所得に関連する試験研究費や機械取得費に関わる控除などがある。

5）算出された税額が税額控除額よりも少ない場合には，その差額を補助金のように給付するということも考えられる。給付付き税額控除と呼ばれるこの制度を導入すれば，税額控除による租税利益の全額を受けることができる。

2-4　給与所得者の所得税

最後に，課税所得の大半を占める給与所得について，所得税負担の計算過程を辿りながら所得税の仕組みを整理しよう。次の図3-1は給与収入から納税額までの計算過程を図式化したものである。

図3-1　給与所得者の所得税計算方法

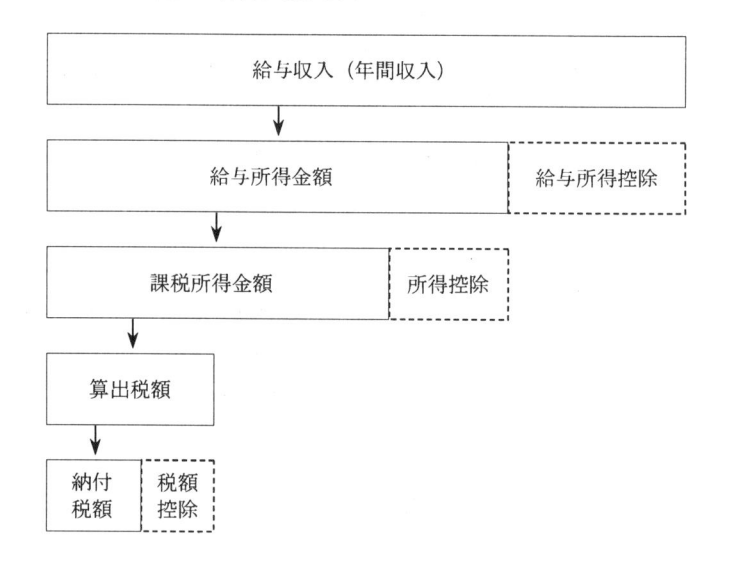

```
┌─────────────────────────────┐
│     給与収入（年間収入）      │
└─────────────────────────────┘
              ↓
┌───────────────────┐  ┌──────────┐
│   給与所得金額    │  │ 給与所得控除 │
└───────────────────┘  └──────────┘
        ↓
┌───────────────┐  ┌──────┐
│  課税所得金額  │  │ 所得控除 │
└───────────────┘  └──────┘
     ↓
┌──────────┐
│  算出税額  │
└──────────┘
     ↓
┌──────┐  ┌──────┐
│ 納付 │  │ 税額 │
│ 税額 │  │ 控除 │
└──────┘  └──────┘
```

　まず，年間収入から給与所得控除を差し引くが，この給与所得控除は給与収入を得るための費用を，収入金額の一定割合として概算で計算したものである。計算方法は表3-4のとおりである。控除額は最低でも65万円で，給与収入が500万円ならば154万円，1,000万円ならば220万円と計算できる。給与所得控除の金額は必要経費としては大きすぎるという意見がある。しかし，課税所得として把握される割合（捕捉率）が他の所得に比べて高いという存在理由もあると言われている[6]。

　なお，給与所得控除には特定支出を控除できる特例制度が設けられている。特定支出とは通勤費，転任による転居のための引越費用，職務上の研修費，資格取得費，単身赴任者の帰宅旅費の5項目の支出である。この合計額が給

与所得控除額を超えるときは，その超過分をさらに所得控除できる。すなわち，特定の経費に限られるが，実額控除が認められている。しかし，実際の利用実績は多くない。

表3－4　給与所得控除

給与等の収入金額 (給与所得の源泉徴収票の支払金額)	給与所得控除額
180万円以下	収入金額×40% (65万円に満たない場合には65万円)
180万円超　360万円以下	収入金額×30% ＋ 18万円
360万円超　660万円以下	収入金額×20% ＋ 54万円
660万円超　1,000万円以下	収入金額×10% ＋ 120万円
1,000万円超	収入金額×5% ＋ 170万円

次に，所得控除を行なって求めた課税所得金額に対して，超過累進税率を適用して税額を求める。その税額から税額控除を差し引いた金額が納税額になる。

給与所得税の計算過程は以上のとおりであるが，給与所得者の多くは税務署に申告納税をしているわけではない。多くの給与所得者は，勤務先の会社が給与支払額に応じた所得税を予定計算して支払っている（これを源泉徴収と呼ぶ）。年末の給与支払いに際して，各給与所得者の個別事情に照らして正規の納税額を計算し，予め納税した金額との過不足の調整計算を行なう（年末調整）。年末調整を行なって，正規の金額の方が予め納税した額より少なければ所得税が還付され，納税関係は終了する。

6）その他，給与所得は源泉徴収であるから税の先払いであり，先払い分の利子を考慮する必要がある。必要経費と家事費の区分が明瞭でないから概算が必要である。労働所得は担税力が比較的弱いなどの理由があるとされるが，いずれも明確な論拠とは言い難い。概算ではなく実額で費用として控除するのが，所得概念や公平性の理念からは正当である。特定支出には実額控除が認められようになったが，給与所得者全員の実額控除への移行は実務的には課題が多い。

3 所得税の再分配効果

3-1 給与所得の課税状況

　所得税には所得再分配効果がある。文字通りの「再分配」は財政支出によって行われなければならないが，所得税には市場で実現した所得分配，すなわち生産への貢献に応じた所得の分配を変更させる機能がある。

　所得税の負担は累進的であるから，所得水準の低い者は税負担が小さく，所得水準の高い者は税負担が大きくなる。そのために，課税前の所得分配に比べて課税後の所得分配は平等化する。これを便宜的に所得再分配効果と呼んでいる訳である。わが国では，所得控除と超過累進税制を採用することによって，所得税に所得再分配の機能を与えている。

　実際にどの程度の再分配効果があるのか。所得税制度は複雑であり，所得の種類も多いから，全体の比較は容易ではない。ここでは，所得税の大半を占める給与所得だけについて実際の数値を分析してみよう。次の表3-5は給与所得者の人数，給与，税額である。平成18年の給与所得者数は4,485万人であるが，その全員が納税者ではない。納税者数は3,829万人，給与所得者数の85.4%である。なお，この外に勤続1年未満の給与所得者が818万人あり，このうち納税者の割合は53.5%である。

表3-5　給与所得者の課税状況

区　分		1996 平成8年	2004 平成16年	2005 平成17年	2006 平成18年
①給与所得者数	万人	4,489.6	4,453.0	4,493.6	4,484.5
うち納税者		3,918.9	3,807.8	3,852.5	3,828.8
同構成比	%	87.3	85.5	85.7	85.4
②給与総額	億円	2,068,805	1,954,110	1,962,779	1,950,153
うち納税者		1,972,750	1,838,527	1,847,845	1,833,281
同構成比	%	95.4	94.1	94.1	94.0
③税額	億円	102,797	87,988	89,630	98,925
③／②	%	5.0	4.5	4.6	5.1

注）表の数値は1年を通じて勤務した給与所得者のものである。
資料：国税庁『民間給与実態統計調査』（平成18年分）。

給与総額は195兆円で，そのうち納税者の給与は183兆円，94％になる。税額は9.9兆円で，給与総額に対して5.1％である。この負担率は各納税者の給与所得水準によって異なる。次の表3－6は，平成18年分の給与所得について所得階級別の納税者，給与，税額を示したものである。給与階級ごとに負担率を求めると，所得水準が高くなるにしたがって0.5％から25％まで次第に高くなることを確認できる。また課税所得が課税最低限に達しないため，税負担がない（負担率ゼロの）者も多い。

給与水準1,000万円超の4つの階級を合計すると，給与所得者数では全体の5％に過ぎないが，給与額では17％，税額では42％に達する。700万円以下の階級の合計では，人員数は86％に達するが，給与額では65％，税額では40％に過ぎない。こうした所得階級別の税負担の差が，所得再分配効果をもつ訳である。

表3－6 給与階級別所得税負担状況

人，億円，％

給与階級 万円	①給与所得者数	構成比	②給与額	構成比	③税額	構成比	負担率 ③／②
～100	3,604,606	8.0	29,299	1.5	160	0.2	0.5
～200	6,622,934	14.8	97,198	5.0	1,691	1.7	1.7
～300	7,180,060	16.0	181,051	9.3	4,997	5.1	2.8
～400	7,562,201	16.9	264,909	13.6	8,083	8.2	3.1
～500	6,250,459	13.9	280,082	14.4	9,153	9.3	3.3
～600	4,313,395	9.6	236,950	12.2	8,241	8.3	3.5
～700	2,859,072	6.4	185,249	9.5	6,896	7.0	3.7
～800	2,001,539	4.5	149,620	7.7	6,637	6.7	4.4
～900	1,328,859	3.0	112,708	5.8	6,115	6.2	5.4
～1000	880,565	2.0	83,593	4.3	5,373	5.4	6.4
～1500	1,654,635	3.7	196,045	10.1	16,992	17.2	8.7
～2000	363,935	0.8	62,409	3.2	8,635	8.7	13.8
～2500	112,102	0.2	25,344	1.3	4,549	4.6	17.9
2500超	110,764	0.2	45,697	2.3	11,403	11.5	25.0
合　計	44,845,126	100.0	1,950,153	100.0	98,925	100.0	5.1

資料：表3－5と同じ。

3－2　所得再分配効果の計測

　所得再分配効果を同じデータによって計測しておこう。次の図3－2は，横軸に給与所得者数の累積比，縦軸に所得の累積比を測って，給与額と給与額から税額を引いた金額（可処分所得）についてローレンツ曲線を描いたものである。課税前の給与額の位置よりも課税後の位置は完全平等分配を示す対角線にわずかであるが近づいており，所得税の課税によって，所得分配が平等化していることが分かる。

　所得税による再分配効果は，課税の前後でのジニ係数を比較することである程度まで明らかにできる。計算方法はさまざまに考えられるが，ここでは次式による。

$$\text{所得税による再分配効果} = \frac{\text{課税前のジニ係数} - \text{課税後のジニ係数}}{\text{課税前のジニ係数}}$$

　課税前の所得分配状況を基準にして，課税によってどれだけ所得分配が平等化したかを測る訳である（ジニ係数の計算方法は本章の付論に紹介した）。

図3－2　課税前後のローレンツ曲線

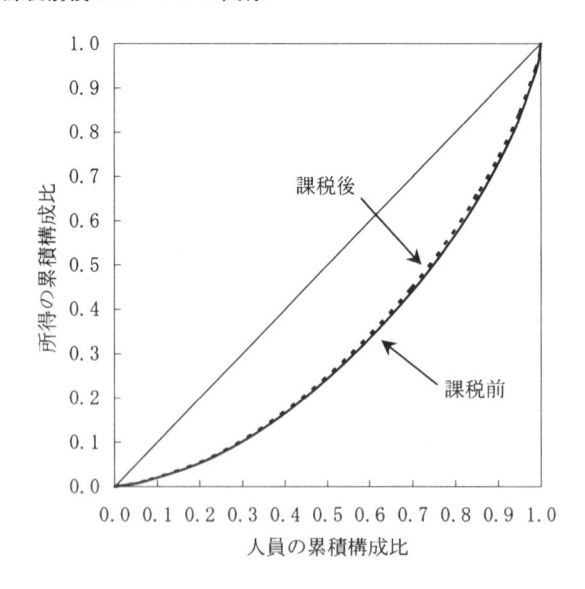

表3-6の給与所得データによって課税前のジニ係数を計算すると0.3716である。その給与額から税額を差し引いた課税後の給与分布では，ジニ係数は0.3579になる。したがって，ここでの再分配効果は，0.037（3.7％）になる。所得分配の状態には万人が同意する基準がないから，この数値をどう評価するかは難しい。

ただし，分析の対象と方法は異なるが，長期継続的な再分配効果の計測によれば（厚生労働省『厚生労働白書』平成20年版などを参照），税による再分配効果はここ十数年間，明らかに低下傾向にあることが分かっている。所得税の再分配機能を再び強化する必要があるとすれば，給与所得控除を含めた費用の計算，各種所得控除のあり方，税率構造の全般を見直すことが必要になる。

4　所得税と資源配分

4-1　所得税と労働供給

所得再分配効果に加えて，所得税には資源配分へ与える効果もありうる。所得税の課税ベースの大半は労働所得であり，所得税によって労働すなわち生産資源の供給が減少するとすれば，単に労働市場を攪乱させるだけでなく，民間の生産活動が課税のない場合に比べて低下する。

次の図3-3は，労働所得に対する所得税の効果を説明するものである。縦軸には貨幣所得を測り，横軸には時間が測られる。横軸 OB の距離は24時間で，労働時間は点 B から左方向へ増加するように測る。労働以外の時間は一括して余暇とするが，点 O から右方向へ測られる。例えば，BH_1 時間働くときには残りの OH_1 時間が余暇になる。

労働所得の金額は労働時間数と賃金率（時間当たり賃金）で決まる。仮に24時間働くとすれば，労働時間数は BO で所得は AO で示される。AO/BO は賃金率になる。直線 AB は労働時間数に応じた所得金額を表しており，予算線と呼ばれている。労働と余暇の選択は予算線上で行われる。無差別曲

図3-3 所得税の効果

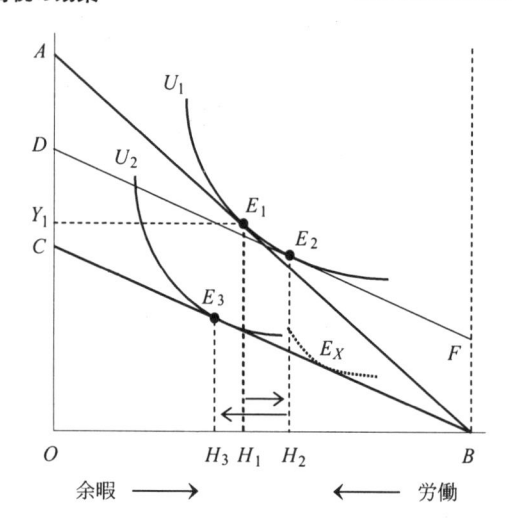

線 U は縦軸の所得（＝労働）と横軸の余暇（＝労働しないこと）を合わせた効用の一定水準を示している。

　この図では，予算線 AB と無差別曲線 U_1 が点 E_1 で接している。効用水準を最大化しようとすれば，点 E_1 で労働と余暇が選択される。労働時間を調整すれば，予算線 AB 上のどの点も選択できる。しかし所得と余暇の効用が最大になるのは点 E_1 しかない。そこで，この個人は BH_1 時間働いて Y_1O（$=E_1H_1$）の所得を得ることになる。

　さて，所得税の課税は税引後の賃金率を引き下げる。所得控除なしで，税率が一定であると仮定すると，税引後の予算線は AB から CB へ税率分だけ回転シフトする。労働24時間のときの所得が課税後は CO になる。予算線が変わるから課税前に選択した点 E_1 を選択することはできない。課税後の予算線に応じて最大の効用を実現できるのは点 E_3 を選択したときである。このとき労働供給は BH_3 に増加する。労働時間が増加するから税引前の所得も増加するが，税引後の所得は E_3H_3 へ減少する。

　以上の例では，所得税が労働供給を増やし余暇を減少させるが，常にそう

とは限らない。所得税の労働供給への効果は2種類ある。1つは所得効果である。所得税によって税引後の賃金率が低下するから、税引後の所得が減少する。この所得減少を補うために一般的に労働供給は増えると考えられる[7]。

この所得減少による効果の他に、賃金率の低下が余暇の機会費用を低下させることによる代替効果がある[8]。余暇を得るための費用が低下すれば、余暇の消費が増え、その結果、労働供給量が減少する。すなわち、代替効果は労働供給を減少させる。

所得効果と代替効果は、図3－3を利用して、次のように分離できる。まず、課税後の予算線 CB に平行な補助線 DF を、課税前の無差別曲線 U_1 に接するように引く。課税後の予算線を課税前の無差別曲線まで戻すこの操作は、課税による所得減少を（例えば補助金などで）補ったと解釈できる。したがって接点 E_2 の選択は、所得金額は課税前と同じ（効用水準が同一）で、余暇の機会費用（賃金率）の低下だけが生じた状況で行われたことになる。この選択によって均衡点は E_1 から E_2 へ移動し、労働供給量は $H_1 H_2$ だけ減少する。これが代替効果である。

もう一方の所得効果は、税引後所得が減少したことのみの効果である。所得効果によって均衡点は E_2 から E_3 へ移動し、労働供給量は $H_3 H_2$ だけ増加する。労働供給量の所得効果による増加と代替効果による減少を合わせたものが課税の効果の全体である。この図の例では、所得税の課税によって労働供給量は増加している。

---

7) 所得の減少は一般的に、上級財である余暇の消費量を減少させるから、余暇減少の結果として労働供給量が増えると考えても良い。賃金率と労働供給の関係は第8章でもとり上げている。

8) ある行動のために放棄しなければならない利益が機会費用である。賃金率が、例えば2,000円であるとすると、余暇を1時間消費するためには2,000円を放棄しなければならない。これが余暇の機会費用である。所得税の課税（例えば税率50％）は賃金率を1,000円に低下させる。余暇を1時間消費する費用は1,000円に低下することになる。

所得税の課税に対して，さまざまな職業や所得水準，生活環境にある各個人がどう反応するかは異なる。例えば図3－3で課税後の予算線と接する無差別曲線が，図右下の点線のような位置にあれば，均衡点はE_Xであり，労働供給量は減少する。このときには，代替効果による減少に加えて所得効果による減少も生じる。代替効果はほぼ一様に労働供給を減少させるが，所得効果は状況次第と考えた方がよい。

4－2 所得税の転嫁と帰着

所得税の課税によって労働供給量が変化すると，税負担が転嫁する可能性が生じる。これを説明するのが図3－4である。図の縦軸には賃金率，横軸には労働の供給量と需要量を測る。

まず，代替効果による減少と所得効果による増加が等しく，賃金率が変化しても労働供給量が変わらないケースから検討しよう。この場合には，労働供給曲線は図のS_1のように，垂直になるはずである。課税前の需要曲線D_Gは，企業が支払ってよいと考える賃金率の水準を表し，課税後の需要曲線D_Nは，就業者にとっての税引後賃金率を表している。

図3－4 所得税の転嫁と帰着

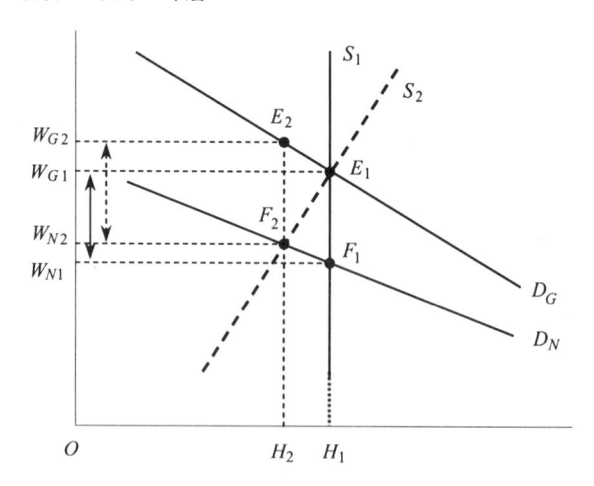

労働市場における課税前の均衡は，労働の供給曲線と需要曲線の交点 E_1 で実現する。企業は W_{G1} の賃金率を支払い，H_1 の労働量を雇用する。所得税が課税されると，税引後の賃金率は $W_{N1}(=F_1)$ に低下するが，供給量にも需要量にも変化はない。企業は課税前と同じ賃金を支払い，労働者は同額を受け取り，その所得から所得税を支払う。所得税はその全額が労働者に帰着し，転嫁は生じない。

所得税が所得稼得者に帰着するとすれば，累進税制を運用して再分配政策を有効に実施できよう。しかし，労働供給曲線は垂直にならない可能性もある。代替効果による労働供給量の減少が所得効果による増加よりも大きいと，供給量は減少する。このとき労働供給曲線は右上がりの点線 S_2 のようになる。供給曲線 S_2 と需要曲線 D_N との交点は F_2 であり，所得税が労働供給量を H_2 へ減少させるのである。希少となった労働に対して企業の支払う賃金率は W_{G2} に上昇する。税引後の賃金率は税額だけ低下し W_{N2} になるが，供給曲線 S_1 のケースよりは高い。所得税の一部は賃金率の上昇という経路で企業へ転嫁する可能性がある[9]。

所得税によって余暇の機会費用が低下し，それに反応して労働供給量を減らせるのは，労働時間を自由に調整できる一部の職業に限られるかも知れない。しかし，勤務形態や価値観が変化するなかで，賃金率の変化への反応がより敏感になる可能性はある。さらに，労働所得を別の所得（例えば実物給付や株式取得）へ転換させて税負担の低減を図る可能性も無視できない。いずれにしても，租税の転嫁や回避が所得税にもあり得ることは留意すべきである。

---

9) 労働所得税は転嫁しないと言われることがあるが，厳密に言えば正しくない。本文で分析したように，労働に変わる選択肢として余暇（労働しないこと）がある限り，転嫁は生じる可能性がある。なお，転嫁先は労働を雇用する企業であるが，さらに株主や消費者への転嫁もあり得る。

4－3　所得税の超過負担

所得税にも税負担額を越える負担，すなわち超過負担がある。所得税によって労働供給量が変化するときには当然であるが，変化しないときにも超過負担は発生する。次の図3－5はこれを説明している。考え方は図3－3と同じで，横軸には労働と余暇の時間を測り，縦軸には所得を測る。課税前の予算線は AB で，無差別曲線 U_0 が点 E_0 で接している。労働供給量は BH_0 で所得（課税前）は E_0H_0 である。

所得税の課税が労働供給量を変化させない（所得効果と代替効果の大きさが一致している）とすると，課税後の予算線 CB は無差別曲線 U_1 と点 E_1 で接することになる。税込みの所得金額は課税前と変わらないが，税引後の所得は税額 E_0E_1 だけ減少して E_1H_0 になる。

所得税の超過負担は，この状況を定額税と比較すれば理解できる。定額税は所得水準に関係なく，一定額を徴収する税である。所得税額 E_0E_1 と等しい金額の定額税を賦課した場合，その予算線は最初の予算線 AB に平行で均衡点 E_1 をとおる LM になる。所得税の場合にはどの所得水準でも一定割合の金額が減少するが，定額税の場合には所得の水準にかかわらず一定額の所得が減少する訳である。

定額税の場合には均衡点は E_2 である。労働供給量は BH_1 へ増加し，所得（税込み）は RH_1 に増加する。税額は同じだから，税引後所得は E_2H_1 に増える。無差別曲線の位置が示すように，効用水準も増加する。重要なことは，税額 E_0E_1（$=RE_2=AL$）を徴収するとき，所得税ではなく定額税で徴収すれば，税引後の所得は増加し，効用水準をより高く維持できるということである。効用水準で測れば U_1 と U_2 の差，所得で測れば JL の距離が所得税による超過負担に他ならない。

超過負担が生じるのは，所得税によって賃金率が低下し，その低下によって代替効果が生じるからである。定額税の場合には，賃金率それ自体は変化しないから，代替効果が生じる余地はない[10]。超過負担を小さくするためには，労働－余暇選択の最後の数時間に作用する税率，すなわち限界税率を大きく[11]

図3－5　所得税の超過負担

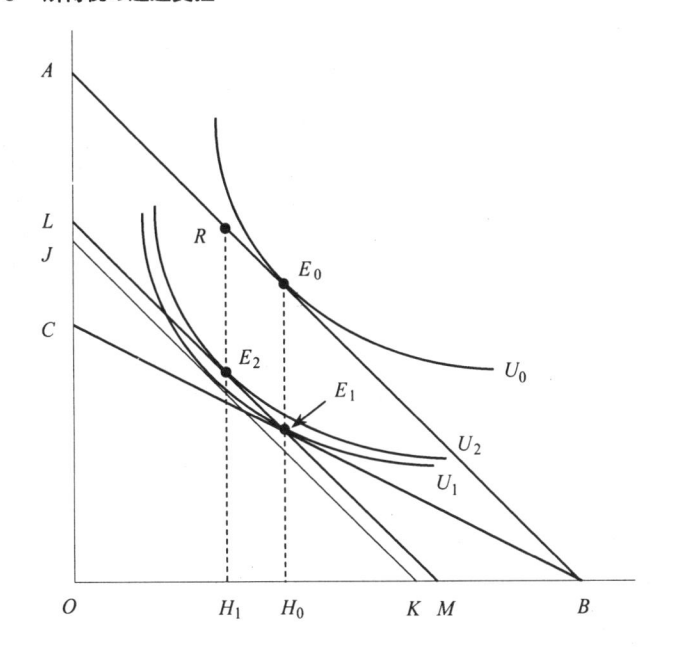

引き上げないことが必要になる。定額税の限界税率はゼロである。所得効果は定額税の課税でも生じるが，税額だけ所得が減少するのであるからそれは当然である。

---

10) 賃金率の大小は予算線の傾きで示される。ここで予算線と補助線，AB, LM, JK は互いに平行で傾きが等しい。

11) 限界税率は前述したように，$\Delta T / \Delta Y$ である。労働をもう1単位増やすと所得が増えて税額が増加する。その増加税額の所得増加額に対する割合である。累進税率構造のもとでは，限界税率は所得の増加とともに高くなるから，代替効果は，その他の条件が一定ならば大きくなるし，超過負担も増えると考えられる。

5 所得税の課題

 所得税には,今後も重要な役割が期待される。個人の負担能力を考慮した,きめ細かな課税に所得税は不可欠である。また税負担が比較的認識し易く,国民の義務としての財政責任も鮮明になる。しかし,現実の所得税制では,所得控除制度が拡大し,一部の所得には低税率での分離課税も認められるなど,本来の課税ベースが縮小し,所得再分配機能が弱められている面もある。

 個人の負担能力に応じた課税を行なうとすれば,課税標準になる所得は包括的でなければならない。財政学では,租税負担能力を正確に表す所得として「包括的所得」の概念が提唱されてきた。包括的所得 Y とは,一定期間における消費支出 C と資産の純増加 ΔW の合計額である。すなわち,

$$Y = C + \Delta W$$

である。このうち消費 C は財・サービスへの支出であるが,生産資源に対する支配に他ならない。資産の純増加 ΔW は,所得のうち消費されなかった貯蓄(または資産増加)である。貯蓄は資源に対する潜在的な支配力の増加である。

 このように,一定期間における資源の支配または支配力の増加を租税負担能力とみなし,所得種類ごとに所得を区別せず,包括的所得として一括課税しようとするのが包括的所得税である。

 包括的所得の定義は上のように使用(支出)面からもできるが,源泉(収入)面からもできる。給与や賞与,株式配当,利子,不動産賃貸料から贈与された金銭まで一切の収入が所得である。この収入は消費されるか貯蓄されて資産価値の純増加となる。

 負担能力を正確に測ろうとする包括的所得の概念では,通常は所得とは考えられない価値も所得になる。例えば,持ち家住宅に住むことによる利益は家賃に相当する価値の消費(=所得)であり,包括的所得の一部である。主婦(夫)の家事サービスも消費であり,包括的所得に加えなければならない。

給与所得者が受けるフリンジ・ベネフィット（現物などによる付加給付）や農家の作物の自家消費，余暇の消費でさえも所得の一部と考えられる。しかし，こうした種類の所得は計測することが難しい。

また，所有する資産価値の増減も考慮しなければならない。株価上昇は言うまでもなく，土地，家屋，宝飾品等々，資産価値の増加はすべて資本利得（キャピタル・ゲイン）である。もちろん資産価値が（インフレの影響を含めて）減少する場合には資本損失（キャピタル・ロス）として計算する。資産価値の増減を測るのは，その資産の市場価格が適正に把握できれば別であるが，取引機会の少ない資産では実際には難しい。

現実の所得税制における課税所得は，こうした包括的所得にはまだかなり距離がある。それには実務的な理由もあるが，担税力の大小に対する政策的な配慮もある。しかし，所得の定義が包括的でなければ，税負担が少ない種類の所得で経済力を増加させる者は税負担が少なくなる。そうなれば，課税の公平性は維持できなくなる。また，一括して同じように課税しなければ，税負担の違いが経済行動を変更させ，資源配分を攪乱させるという非効率が生じる可能性もある。

公平かつ効率的な所得税制の実現には，労働所得と資産所得を区分して課税する二元的所得税，所得のうち貯蓄部分への二重課税を排除して経済成長の促進をも狙いとする消費型所得税など，いくつかの構想が検討されている。年間ではなく生涯を通じる所得への課税や地下経済活動から生じる所得への課税を含めて，所得税にはまだ多くの課題が残されている。

補論1：ラッファー曲線

　ラッファー曲線とは，税率と税収入の関係を表した曲線である。この関係を主唱した学者の名前（Arthur B.Laffer）をとってラッファー曲線と呼ばれている。一般に，租税収入は税率を引き上げれば増え，引き下げれば減る。しかし，ときにはそう言えない場合もある。本文とほぼ同じ図式を使って，税率と税収入の関係を考えてみよう。

　次の図3－補1は縦軸に貨幣所得，横軸に労働時間（余暇時間）を測っている。労働力を供給する個人は，その賃金率（時間当たり賃金）のもとで，労働（＝所得・消費）の効用と余暇（労働しないこと）の効用を見合わせてどれだけ労働するかを決める。所得税課税前の予算線は M_0N で，賃金率は予算線の傾き M_0O/ON で示される。労働時間数は労働と余暇に関する無差別曲線がこの予算線と接する点で決まる（詳細は第8章を参照）。

　さて，所得税が税率25％で課税されるとしよう。この課税によって税引後所得は25％減少するから，予算線 M_0N は点 N を中心に M_1N へと回転シフトする。このとき，無差別曲線 U_1 が点 A で予算線と接している。つまり点 A で労働－余暇の選択行動による効用水準が最大になるから，この個人は A 点を選択する。税引後の実質賃金率 M_1O/ON のもとで，労働は L_1N が供給される。賃金率それ自体は課税では変わらないから，税引前の所得金額は BL_1 である。税引後の所得は税額だけ減少して AL_1 になる。この個人が支払う税額は BA で示されることになる。

　次に，税率が50％に増えた状況を考えよう。税引後の賃金率はさらに低下して M_2O/ON になる。新しい予算線は M_2N である。この予算線に接する無差別曲線は U_2 で点 C が均衡点になる。すなわち，この実質賃金率における労働供給量は L_2N であり，税引前の所得は DL_2，税引後の所得は CL_2 である。両者の差額 DC が所得税額になるが，この税額は税率25％のときの税額より大きい。ここまでは税率の増加が税収入の増加をもたらすのである。

図3-補1　所得税の税率と所得税納税額

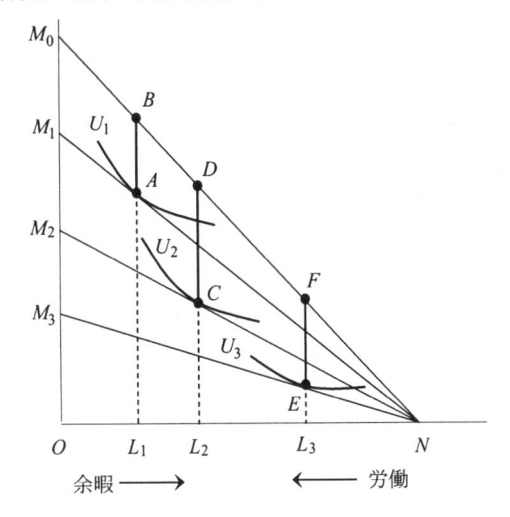

　税率の増加が，税収入の増加ではなく減少をもたらす場合もある。税率が75%になった状況を考えよう。実質賃金率がさらに低下し（M_3O/ON），予算線もさらに横軸に接近する（M_3N）。この予算線に接するのは無差別曲線 U_3 であり，点 E が労働－余暇選択の均衡点になる。労働供給は L_3N，税引前の所得は FL_3，税引後の所得は EL_3 である。所得税額は FE になるが，この税額は税率50%のときの税額より少ない。

　こうした税率と税収入の関係が，次の図3-補2に示されるようなラッファー曲線である。この図では縦軸に税率，横軸に税収入額を測っている。ラッファー曲線は原点から右上がりに上昇し，ある点から反転して左上がりになる。曲線上の点 A, C, E は前の図の各点に対応している。

　以上の例では税率50%を境にして税収入が減少したが，これはあくまでも例である。税収入が減少し始める税率が具体的に何%かは明確ではないが，そうした税率がどこかに有りそうだということは，古くから経験的に分かっていたことでもある。財政支出の必要性がはっきりしていて，税収入を確保しなければならないとしても，越えてはならない税率があるということは，

図3-補2　ラッファー曲線

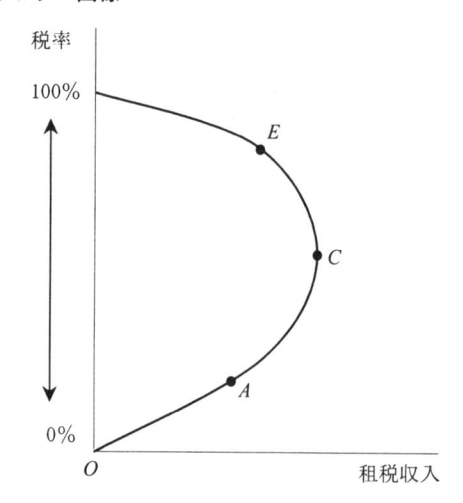

政治的な要請ばかりではなく経済学の分析からも言えそうである。

　ラッファー曲線の考え方には賛否両論があるが，いずれにしても，現代の経済では上の図の点 C を越えてはいないだろうというのが大方の一致した見方である。ただし，課税による実質賃金率の変化に対して高額所得者は敏感に反応する可能性があるから，租税政策に際してはより詳しい分析が必要である。また，所得には労働所得以外にもさまざまな形態の所得があるから，労働供給は変化させずに労働所得以外の所得を増加させる可能性もある。これもまた長期的には所得税収入に影響を与える要因になる。

第3章 所得税 67

補論2:ジニ係数

ジニ係数は,データの分散の大きさを測る尺度であるが,所得税の所得再分配効果の分析で頻繁に利用される。ジニ係数の計測方法は何種類もあるが,ここでは基本的な考え方と計算方法を紹介しておくことにしたい。

具体例を挙げた方が分かり易い。次の表3−補1は,社会を構成する5人の所得分配状況の仮設例である。完全平等ケースは合計2,000万円の所得が完全に平等に分配されている場合で,一人当たり所得は全員が同額の400万円になる。不平等ケースとして,個人Ⅰが100万円,Ⅱが200万円,Ⅲが300万円,Ⅳが400万円,Ⅴが1,000万円という分配を表の右側に示した。合計の所得金額はどちらも同じである。

表3−補1 所得分配の仮設例

万円

個 人	累積構成比	完全平等ケース			不平等ケース		
		所得金額	構成比	累積構成比	所得金額	構成比	累積構成比
Ⅰ	0.2	400	0.2	0.2	100	0.05	0.05
Ⅱ	0.4	400	0.2	0.4	200	0.10	0.15
Ⅲ	0.6	400	0.2	0.6	300	0.15	0.30
Ⅳ	0.8	400	0.2	0.8	400	0.20	0.50
Ⅴ	1.0	400	0.2	1.0	1,000	0.50	1.00
合 計	−	2,000	1.0	−	2,000	1.00	−

次の図3−補3は,ジニ係数の考え方を視覚化したものである。横軸は社会構成員の累積構成比を所得の低いものから順に測り,縦軸にはその構成員の所得の累積構成比を測る。最初の個人Ⅰは5人のうちの1名だから,構成比は0.2(20%)である。次のⅡも構成比は0.2だから,Ⅰの構成比に累積させた構成比は0.4(0.2+0.2)になる。以下,累積構成比はⅢが0.6,Ⅳが0.8,Ⅴが1.0である。人数の累積構成比はどのケースも同じである。

図3－補3　ローレンツ曲線とジニ係数

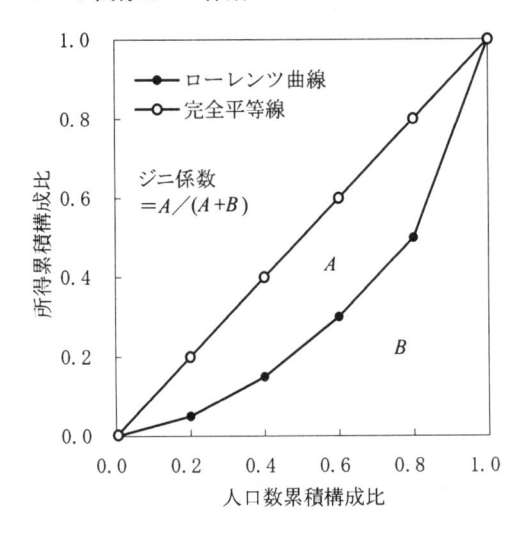

```
     1.0                              ●
                ●─ ローレンツ曲線
     0.8        ○─ 完全平等線
所
得    ジニ係数
累 0.6  =A/(A+B)
積              A
構 0.4
成
比 0.2              B
     0.0
        0.0  0.2  0.4  0.6  0.8  1.0
              人口数累積構成比
```

　所得が完全に平等分配されている場合には，各々の所得は同額でその構成比は0.2だから，累積構成比は個人ⅠからⅤまで順に0.2, 0.4, 0.6, 0.8, 1.0となる。人数と所得の2つの累積比を図にプロットして，それを結ぶと図の対角線になる。この対角線が完全平等線で，所得分配状況を判断する1つの基準である。

　所得分配が不平等なケースはどのようになるだろうか。人数の累積比はこの場合も同じである。所得の累積比は表に示されているように変化していく。個人Ⅰは人数の構成比が0.2で所得の構成比が0.05である。個人Ⅱについては，0.4に対して0.15である。最後のⅤでは累積比は1.0になるから一致するが，それ以前は完全平等線よりも下側を弓なりに通る曲線になる。この曲線はローレンツ曲線と呼ばれている。

　さて，ジニ係数 G はローレンツ曲線と完全平等線に囲まれた面積 A を完全平等線の下側の三角形の面積 $A+B$ で割った数値として計算できる。

$$G = \frac{A}{A+B}$$

所得分配が完全に平等ならば，ローレンツ曲線は完全平等線と一致するからAの面積はゼロで，ジニ係数はゼロである。誰か1人に所得が集中すると，ローレンツ曲線は所得を独占している最後の1人の直前まで横軸に一致するから，ジニ係数はほとんど1に等しくなる。ジニ係数がゼロに近いほど所得分配は平等で，1に近づくほど不平等であると言うことになる。

　ジニ係数の最も単純な計算式は，次のとおりである。[注]

$$G = 1 - \sum_{i=1}^{n}(X_i - X_{i-1})(Y_i + Y_{i-1})$$

ここでX_iは人数の累積構成比で，Y_iは所得の累積構成比である。添字iは計算の対象となる個人（またはグループ）の順序を示している。Σは合計という意味の記号である。上の表の例によって，これを実際に計算すると次のようになる。

Ⅰ	$(0.2-0.0)$ × $(0.05+0.0)$	$=0.01$
Ⅱ	$(0.4-0.2)$ × $(0.15+0.05)$	$=0.04$
Ⅲ	$(0.6-0.4)$ × $(0.3+0.15)$	$=0.09$
Ⅳ	$(0.8-0.6)$ × $(0.5+0.3)$	$=0.16$
Ⅴ	$(1.0-0.8)$ × $(1.0+0.5)$	$=0.30$
合計		$=0.60$

計算式の右辺，Σ以下の項が0.6（図のBの2倍の面積）になるから，ジニ係数は$1-0.6=0.4$である。本文で述べたように，この所得分配に対して累進的な所得税をかけると，税引き後の所得額は税額だけ減少し，所得分配が平等化してジニ係数は減少する。ジニ係数の減少の大きさで平等化の程度が測定できる。本文では，ジニ係数の低下分を課税前のジニ係数で割って，平等化の程度を測っている（p.54参照）。

　注）この計算式はジニ係数を次のように展開すれば求められる。

$$G = \frac{A}{A+B} = \frac{2A}{2(A+B)} = 2A = 2\left(\frac{1}{2} - B\right) = 1 - 2B$$

第4章　法人税

1 はじめに

　法人税は法人の所得にかかる所得税である。個人所得税と区分して法人所得税と言うことがあるが，一般に法人税と呼ばれている。税収入は2006（平成18）年度で約15兆円，国税収入全体の27.6％で，わが国における租税収入の中枢である。経済が好調で法人所得が増えるときには法人税収入も増える。経済が不調なときは赤字企業が多くなり，税収入はひどく落ち込む。政策手段としての利用価値も高いが，収入の変動が大きいという短所もある。

　法人税に対する一般的な関心は，消費税や所得税に比べて大きいとは言えない。むしろ，法人企業が税を負担すれば個人の負担は少なくて済むと誤解する向きもある。一見すると単純にみえる法人税の負担関係は，実際にはかなり複雑である。

　法人が支払った法人税を実質的に負担するのは誰か。負担者とその負担の割合は，条件次第で変化するために明言できない。法人の株主が負担するというのは，最もありそうな可能性である。しかし同時に，その会社の従業員やその会社の製品を買う消費者も負担する可能性がある。そこで，法人税負担の実際の配分を把握するのは難しい。

　近年，欧米諸国では法人税率の引き下げが相次いでおり，開発途上国では外国投資を呼び込むために，以前から（期間限定ではあるとしても）法人には課税しないという国まである。税収入の減少は財政には痛手だから，一部の国に法人課税を強化する動きがないわけではない。しかし，企業の経営環境が国際化するなかで，税収入源としてあるいは政策手段として法人税にどこまで頼れるかは疑問がある。

　本章では，まず①法人税制度とそれに関わる論点を整理し，次に②負担の実態を検討する。そのうえで③法人税の経済効果をいくつかの仮定の下で考察する。最後に，④法人企業に課税する根拠について問題点を整理しつつ言及する。

2　法人税制度の概略

2-1　法人税の課税対象と税率

　法人税が賦課される法人は，内国法人と外国法人である。内国法人とは，日本国内に本店または主たる事業所がある法人で，所得源泉が国内であっても国外であっても，納税義務がある。外国法人とは内国法人以外の法人であるが，日本国内に所得源泉がある所得については納税義務がある。

　内国法人はさらに細かく分類され，所得計算や税率に差異が設けられている。普通法人には株式会社，医療法人，企業組合などがある。資本金1億円超の法人には30％の税率が適用される。資本金1億円以下の中小法人に対しては，年800万円以下の所得金額には22％の軽減税率（平成21～23年度間は18％），800万円超の所得には税率30％が適用される。また，法人格のない社団等にはPTAや同窓会などが入るが，税率は中小法人と同じである。

　農協や漁協などの協同組合も内国法人で，普通法人と同じようにすべての所得に課税されるが，税率は22％，または特定協同組合の所得10億円をこえる部分には26％である。公益法人とは学校法人，社会福祉法人，宗教法人などで，その活動は公共性があるとされており，当該法人の収益事業から生じた所得だけが課税される。税率は22％または30％である。地方公共団体，公社，公庫などの公共法人には課税されない[1]。

　法人区分ごとの法人数と税額，負担率等は表4-1に示されているとおりである。課税対象の法人はそのほとんどが普通法人である。また，普通法人

---

　1) 会社のなかには，1株主グループの持ち株割合が50％を超える会社がある。この特定同族会社には，留保金課税という制度が適用される。会社の所得から配当と法人税等を差し引いた残額が一定金額（留保控除額）を超えると，その超過分に10％～20％の税率で課税される。留保金課税は資本金等の金額が1億円超の会社に限る課税であるが，この制限それ自体を含めて議論も多い。

表4−1　各種法人数とその税額

単位：社，億円，%

区　分	①法人数	構成比	②所得金額	構成比	③税　額	構成比	③／②
内国法人	2,957,949	99.8	497,815	91.8	129,199	93.2	26.0
普通法人	2,853,438	96.3	482,534	89.0	126,306	91.1	26.2
社団等	13,242	0.4	139	0.0	34	0.0	24.3
協同組合等	50,277	1.7	12,542	2.3	2,303	1.7	18.4
公益法人等	40,992	1.4	2,601	0.5	556	0.4	21.4
外国法人	5,997	0.2	9,780	1.8	2,761	2.0	28.2
連結法人	552	0.0	34,622	6.4	6,679	4.8	19.3
合　計	2,964,498	100.0	542,216	100.0	138,639	100.0	25.6

注）数値は現事業年度分のもので，清算所得分は含まない。
資料：国税庁『国税庁統計年報書』（平成18年度版）。

285万社のうち98.4%は会社である。なお，表中の連結法人とは，連結納税制度を適用し連結確定申告を行なった法人である。

　普通法人の基本税率30%，中小法人等に対する軽減税率22%は一時期よりかなり低下した。1966（昭和41）年には法人所得のうち留保分，配当分ともに基本税率35%（軽減税率28%）であったが，その後引き上げられて1984（昭和59）年には留保分に基本税率43.3%（軽減税率31%），配当分に33.3%（同25%）となった。これに比べると，現状はかなり低くなっていると言える。しかし，内外環境が激変するなかでさらに引き下げるべきであるという意見もある。[2]

2）法人には国税の法人税に加えて，地方税の道府県民税，市町村民税，事業税が課税される。このうち事業税の金額は，法人税の課税所得から控除ができるが，その他の税は算出された法人税額または課税所得に対して課税されるから，それだけ法人の税負担額は増える。現行の地方税率のもとでは，地方税を含めた法人の税負担（実効税率と呼ばれることがある）は30%ではなく，40%以上になる。

2－2　課税標準（課税所得金額）

　法人税の課税標準は法人の所得である。法人所得とは売上金額から費用支出額を差し引いたもので，企業会計上の決算利益であるが，この決算利益がそのまま法人税の課税標準になるわけではない。法人税法においては，企業会計による決算利益に対して，一定の調整（申告調整）を加えて，各事業年度の所得である課税所得が計算される[3]。

　税法上は益金の額から損金の額を差し引いたものが課税所得金額である。益金とは，商品や製品などの販売収入，土地や建物などの固定資産の譲渡収入，請負などの役務提供収入，預金や貸付金の利子収入など，企業会計でいう収益である。損金とは，売上原価（仕入に要した金額），販売費，一般管理費，災害等による損失など，企業会計でいう費用や損失のことである。後述するように，この費用は経済学における費用とは少し異なる。

図4－1　法人税の計算

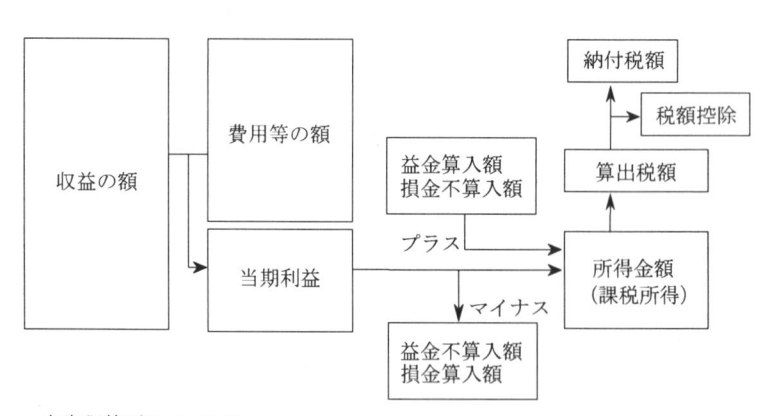

申告調整項目（一部分）
〈収益に加算〉
益金算入：外国子会社の外国税額，特定外国子会社の留保金額
損金不算入：減価償却の超過額，資産の評価損，過大な役員給与，法人税額等
〈収益から減算〉
益金不算入：受取配当，資産の評価益
損金算入：繰越欠損金，各種準備金，圧縮記帳の圧縮額

企業会計では，収益と費用等の差額が（税引前）当期利益である（図4－1参照）。この当期利益に対して，税法に従って申告調整を加えて，課税所得が計算される。すなわち，益金に算入すべき金額と損金に算入できない金額を収益に加え，益金に算入しない金額と損金に算入できる金額を収益から差し引く。この申告調整によって計算されるのが課税所得金額である。これに税率をかけて税額を算出し，次に税額控除を差し引いて納付税額が決定される。税額控除には，試験研究費や教育訓練費などに関連する政策減税としての税額控除，二重課税を調整するための所得税額控除などがある。

2－3 減価償却制度と法人税

　企業が生産活動を行なうには資本が必要である。したがって，その資本購入のための支出は生産費用であると思える。しかし，機械や設備は購入したその年だけで使えなくなるわけではない。生産に使って減耗した機械や設備の価値が生産費用である。この生産費用を正確に計上するため，資本の取得価額を耐用年数にわたって各期に配分し，費用として損金計上する技術が減価償却である。ただし，法人税法によって強制されているものではない。

　法人税法は取得価額の計算方法，償却方法，耐用年数を規定している。減価償却が別の企業との取引で決定されるのではなく，いわば企業内部の事情で決定され，ときには公平性を欠く計算になることを防止するためである。それは何よりも，減価償却費が費用であり，その増加は課税所得を減少させて，租税負担額を減少させるからに他ならない。法人税法が規定する損金算入限度額を超える金額は，損金として算入されず利益に加算される。

　3）法人税の課税対象は各事業年度の所得だけでなく，清算所得（法人が解散して財産を整理した後の所得），退職年金等積立金（一般事業会社ではなく退職年金業務を行なう金融会社等にある退職年金等積立金）も含まれる。

減価償却規程の変更は，法人税の負担軽減さらには投資促進政策の手段として活用されることがある。ある企業がコンピュータ・システムを200万円で導入するとしよう。このシステム導入で所得が最初の年に140万円増えるとする。耐用年数が5年ならば減価償却費は最初の年に40万円で，これを控除した課税所得は100万円，法人税率30％では税額は30万円である。仮に耐用年数が2年に短縮されれば，減価償却費は100万円になり課税所得は40万円になるから税額は12万円で，5年償却と比べて18万円の租税が節約できる。

　近年も実施されたが，こうした加速償却制度によって，税負担は減少し企業には投資インセンティブが働くと考えられる。税負担の減少で節約できた金額は，次期以降の投資資金として活用できるから，単にその期間の利益を増やすだけではない。減価償却の加速化は政策手段とくに経済・産業の発展政策の手段として重要である[4]。ただし，この制度は減価償却費を控除すべき利益がなければ意味がない。利益のない赤字企業には租税節約は実現せず，黒字企業だけが租税利益を受けるという点をどう考えるかという問題はある。

2-4 企業の資本構成と法人税

　法人税に関するもう1つの重要な問題は，企業の資本構成に与える効果である。企業が投資を行なうには，内部資金（企業内部に留保された利潤）だけでなく外部資金を活用しなければならないことがある。外部資金には銀行借入と株式発行等がある。借入に対しては利子を支払わなければならないが，発行株式には配当を支払わなければならない。しかし，利子支払いと配当支払いは法人税法における取り扱いが異なる。

4）減価償却の加速化は租税特別措置として，これまでにも数多く実施されてきた。生産における資本の役割の大きさは産業ごとに異なるから，この政策はある一定の産業や経済分野の租税負担を軽減させることに他ならず，租税負担の公平性の観点からの批判もある。しかし，新しい投資と経済活動による雇用の増加などのさまざまな利益が国民一般に及ぶとすれば存在理由がある。

利子の支払いは費用だから，収益から差し引かれ所得はその分減少する。所得が減れば法人税額も減少するから，企業の租税支払いが減少する。これに対して配当は税引き後の利益の処分であって，配当が増えたからといって法人税が減るわけではない。そこで，同じ資金を調達するとすれば，税負担の面からみるかぎり借入のほうが有利になる[5]。

　この考え方が正しいとすれば，法人税は企業の資本構成に対して中立的ではないことになる。一方では借入資金への依存を助長し，他方では株式発行等による自己資金の充実を阻害しているとすれば，法人税制度は長期的に企業の業績を左右しかねない。

　資本構成に関連する問題には，株主配当への所得課税の問題もある。株主へ配当される利益は，課税所得の一部であり法人段階で法人税がかかる。そして，個人に配当された段階では個人所得税がかかる。この二重課税は租税負担の公平性から問題があり，また資金供給側へも悪影響を与えうる。いくつかの解決策が工夫されてきたが，わが国では個人所得については配当所得への税率を低くする（配当軽課）措置をとってきた。また，法人が受け取った配当金については申告調整に際して益金不算入が一定の限度で認められている。

　二重課税の問題は，法人とは何かという問題と関連している。これには2つの見解，法人は株主の集合体であるとする法人擬制説（株主集合体説）と個人株主とは別個の存在であるとする法人実在説（独立課税主体説）がある。

　5）厳密に言えば，企業の内部資金の利用にも利子収入分の機会費用が発生している。内部留保資金を自社の投資に使わないで別の資金運用を図れば利子収入が手に入る。自社の投資に使えばその利子収入は放棄しなければならない。この放棄された利子収入が自己資金を投資に使う機会費用である。機会費用は経済学では正当な費用であるが，課税所得計算で利益から控除することはできない。課税所得はその分だけ増えるから，内部留保よりも，利子支払いが控除できる借入の方が租税負担関係では有利である。

法人が株主の集合体に過ぎないとすれば，二重課税は調整する必要性が生じる。しかし実在説に立てば調整は必要ないし，累進課税を行なうことすら肯定されよう。わが国では，擬制説に近い視点に立っていると言える[6]。

3 法人税の負担

　ここで，わが国の法人税の負担をデータによって確かめておこう。

　次の表4－2は内国普通法人を資本階級別に区分して平成18年分の所得金額等を示したものである。まず注目すべきは，利益を上げて黒字になっている法人が全体の34％しかないという事実である。法人税の納税義務者は，各事業年度の所得については黒字法人だけであるから，法人税と言っても法人の66％は課税されていないのである。

　納税企業にも企業規模でみると大きな偏りがある。資本金額1億円以上の大企業は3.8万社で全法人数の1.5％である。そのうち黒字法人は57.9％であるが，この黒字の大企業が法人税の68.3％を支払っている。資本金額1,000万円未満の法人は，法人数では88％になるが，法人税支払い額では14.3％にしかならない。これらの小規模企業の70％以上は赤字法人で，当然ながら法人税は支払っていない。法人税はかなり特異な税であると考えられる。

　法人税収入は，その他の税に比べて年度間の変化が大きい。法人所得が経済の変動とともに大きく変化することに加えて，法人税が政策手段としても活用されて，その結果，税負担が変化することもある。

　次の図4－2は過去20年間について，法人税収入（決算額）を国税収入合計およびGDPと比較したものである。国税収入に占める割合では，最近年の2006（平成18）年度は27.6％で，1988（昭和63）年度の35.3％に比べて7.8

　6）わが国の戦後税制の基盤を形成したとされるシャウプ勧告では，株主集合体説（法人擬制説）を採って，法人段階と個人段階の二重課税は，受取配当の益金不算入および個人株主の配当控除で調整する方式になっていた。

表4-2 法人税の資本階級別負担状況（平成18年分）

社，百万円，％

資本金階級	①法人数	構成比	②所得金額	構成比	③法人税額	構成比	負担率 ③／②	利益法人の割合
100万円未満	33,945	1.31	112,150	0.22	25,801	0.19	23.0	26.8
100万円以上	14,299	0.55	18,117	0.04	4,699	0.04	25.9	27.1
200万円 〃	1,092,733	42.25	1,185,411	2.29	302,605	2.28	25.5	28.4
500万円 〃	308,406	11.92	630,212	1.22	168,836	1.27	26.8	29.9
1,000万円 〃	827,303	31.99	5,080,481	9.83	1,393,466	10.51	27.4	35.1
2,000万円 〃	212,981	8.23	3,898,091	7.55	1,120,453	8.45	28.7	50.7
5,000万円 〃	58,451	2.26	4,114,782	7.96	1,188,782	8.96	28.9	54.0
1億円 〃	28,123	1.09	5,143,384	9.96	1,533,995	11.57	29.8	57.3
5億円 〃	2,932	0.11	1,388,353	2.69	391,276	2.95	28.2	52.5
10億円 〃	4,416	0.17	4,801,117	9.29	1,321,158	9.96	27.5	62.7
50億円 〃	959	0.04	2,331,461	4.51	615,984	4.65	26.4	62.7
100億円 〃	1,280	0.05	19,496,671	37.74	4,525,591	34.13	23.2	67.0
連結法人	540	0.02	3,462,113	6.70	668,210	5.04	19.3	43.3
合　計	2,586,368	100.00	51,662,342	100.00	13,260,856	100.00	25.7	33.5
1億円以上小計	38,250	1.48	36,623,099	70.89	9,056,214	68.29	24.7	57.9

注）法人数の合計には連結子法人数を含む。所得金額は調査所得金額で，清算所得は含まない。
資料：国税庁『会社標本調査』平成19年。

図4-2 法人税収入の推移（％）

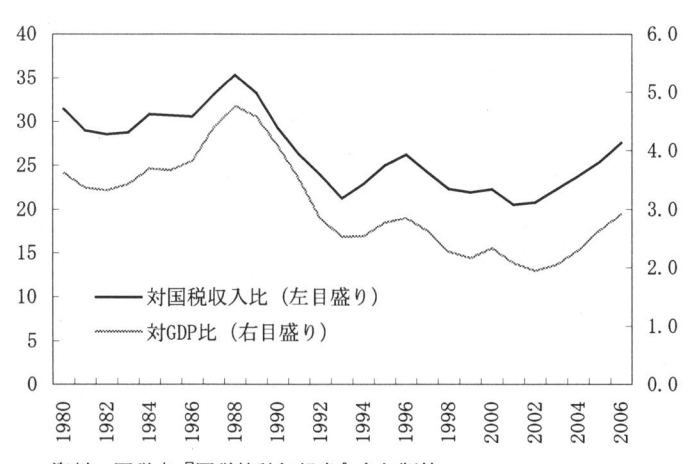

資料：国税庁『国税統計年報書』各年版等。

ポイント低い。対GDP比率は同じ期間に4.8%から2.9%まで1.9ポイント低下している。両比率ともにここ数年いくらか回復しているが，対GDP比率は2002（平成14）年度には2％を下回ったこともあった。

対GDP比率について簡単な計算をしてみよう。2006年度のGDPは約500兆円で，その約3％が法人税収入15兆円である。仮にGDP比率が2002年度水準の2％に低下すると法人税収は約5兆円（33.3%）減少することになる。税収入と財政支出が連動していれば，支出も5兆円だけ減らさなければならない。近年における法人税収入の動向は，国の財政の中心的財源として法人税はかなり脆弱であることを示している。

4　法人税の経済効果

4－1　短期的効果

法人税は法人企業の行動に何の影響も与えず，転嫁も生じないという考え方がある。必ずしも現実的な議論とはいえないが，考察の出発点になる。次の図4－3によって要点をみておこう。図は，完全競争市場において利潤最大化を目指す企業の，最適な生産量の決定を示したものである。横軸は生産量，縦軸は価格および費用を測っている。

利潤最大化を目指す企業は，完全競争市場における市場価格と限界費用とが等しくなる生産量を選択する。図では市場価格がP_0のとき，この企業の限界費用MCはE点で一致している。このとき生産量はQ_Eで，販売収入は四角形P_0OQ_EEの面積である。平均費用はP_A（またはF）だから，生産費用（＝平均費用×生産・販売量）は四角形P_AOQ_EFの面積になる。利潤は，販売収入と生産費用の差額EP_0P_AFになる。

この利潤に対して，法人税が例えば40％の税率で課税されると，利潤はそれだけ減少する。法人の支払い税額は四角形P_TP_AFTで示される。単位当たり税額は，単位当たり利潤P_0P_Aのうちの40％，P_TP_Aで示される。これに販売量を掛けた金額が税額である。税引き後の利潤は言うまでもなく，四角

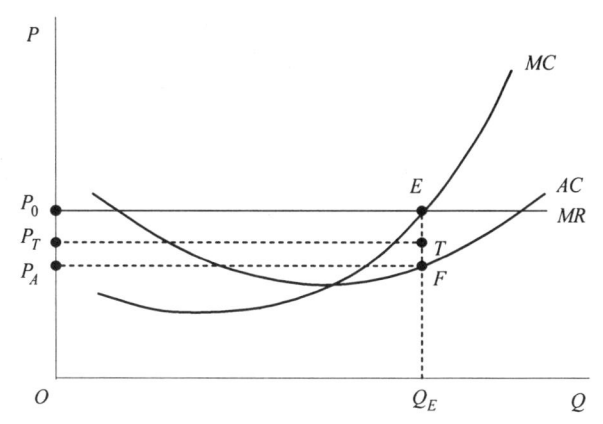

図4−3　法人税の経済効果：短期競争企業

形 $P_0 P_T TE$ の面積になる。

　法人税の課税によって，短期的にみるかぎり限界費用は変化しない。その理由は，短期では資本量が変化せず，その費用も変化しないからである。また，限界収入である市場価格も変化しないから，企業には生産量を変化させる理由はないことになる。課税前に最大の利潤は，課税によって減少してはいるが，生産量 Q_E で最大になるのは同じであり，利潤最大化という企業目的は達成されている。

　このようにみるかぎり，法人税の課税は法人の利潤を減少させるだけで，生産物価格が上昇して生産量や消費量が減少したり，労働賃金が減少したりすることはない。法人税の負担は企業の所有者すなわち株主に，資本収益の低下という形で生じる[7]。したがって，法人税は賦課された法人から転嫁されることはないと考えられるのである。

　企業がある程度の価格支配力を持っている（つまり完全競争企業ではない）場合には，転嫁しないとは言い切れない。価格を引き上げることによって租

7）これに加えて株式価値が低下することもあり得るが，投資家の行動に依存する。

税負担を消費者に転嫁する企業が生じる可能性がある。生産・販売量はいくらか減少するかも知れないが，売上高は増える可能性もある。労働市場の状況に依存するが，人件費の引き下げで法人税に対応することも可能である。いずれにしても，法人税の賦課または増税を口実に，製品価格の引き上げやその他の費用の引き下げが生じる可能性は否定できない[8]。さらに，考察を長期に広げると，かなり異なった経済効果を予想しなければならなくなる。

4－2 長期的効果

法人税の効果は，法人部門を超えて経済全体に及ぶと考えられている。法人部門とそれ以外の部門からなる経済を仮定して，長期的な効果を考えよう。次の図4－4は横軸に左側から法人部門，右側から非法人部門の投資量を測っている。投資に利用できる資本量が一定であると仮定して，$O_C O_N$は固定されている。縦軸には追加された投資の単位当たりの収益率rを測る。

右下がりの曲線DCは法人企業による投資資金の需要曲線である。企業は資金を得て投資を行ない，その資本を使って財を生産し販売して収益を得る。DC線の横軸からの距離（高さ）は，追加的な投資の収益率（限界収益率）と呼ばれる。原点O_Cから右方向へ資本量が増えていくと，限界収益率は低下する。曲線DNは非法人部門の資金需要曲線であるが，この場合には，原点O_Nから左方向へ資本量が増えると収益率が低下する。

法人税の課税前には，法人・非法人の両部門を通じて資金市場は均衡しているとしよう。競争的な市場では，収益率に差があれば，収益率の低い部門から高い部門へ資源が移動するから，最終的な均衡においては収益率は等しくなる。この図では，両部門の需要曲線が交差する点Eで市場が均衡する。

8）詳しくは専門書に譲るしかないが，法人税の転嫁と帰着は未だに決着がついていない論題である。まさにケース・バイ・ケースで，転嫁の程度は異なる。ただし，資本所有者に一定の負担が帰着することはほぼ確実であり，後にみるように，長期的に法人製品の消費者あるいは法人の就業者に転嫁することはあっても，法人自体が負担することがないのは確実である。

図4-4 法人税の効果：長期複数部門

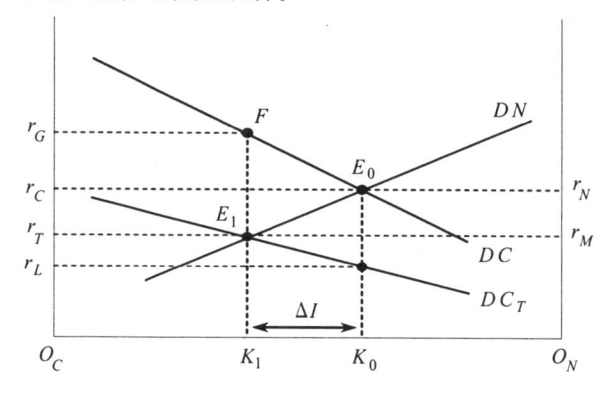

法人部門では収益率 r_C のもとで $O_C K_0$ が投資される。非法人部門では同じ水準の収益率 r_N で，$O_N K_0$ が投資される。

ここで法人税が課税されると，その程度はさまざまであるが限界収益率が低下する。収益率が低下すると，法人の資金需要曲線 DC は DC_T へ下方シフトする。ごく短期的にみると投資量は変化しないから，法人の収益率（税引き後）が r_C から r_L へ低下するだけである。注意しなければならないのは，法人資本の所有者が法人税をほとんどすべて負担すると仮定していることである。もし転嫁が生じるとすれば，収益率の低下は少なくなる。

長期的にみると，かなり異なる結果が生じる。資本市場が十分に機能していれば，収益率の低下した法人部門の資本は別の部門へ流出する。実際には，法人では新投資が行われず時間とともに資本量が減少し，非法人部門では新投資が行われて資本が増えるということである。法人課税の後には，課税のない非法人部門では収益率は r_N で，法人部門よりも高い。この部門間の収益率格差が資本移動（流出と流入）の誘因になる。

資本総量一定の仮定の下では，資本の流出量と流入量は等しい。資本移動は両部門の収益率（税引き後）が等しくなるところ（$r_T = r_M$）まで続くはずである。新しい均衡点は需要曲線 DC_T と DN が交差する E_1 で，資本の移動量は $K_1 K_0$（$= \Delta I$）である。つまり，$K_1 K_0$ の資本が法人部門で減少し，同

じ量が非法人部門で増加する。

資本の流出によって，法人部門では税引き前の粗収益率 r_G が課税前より高くなる。法人は資本提供者にその分を支払わなければならないから，生産物価格の引き上げを図るかも知れない[9]。課税後の純収益率 r_T は確かに課税前より低下する。しかし税引き後の収益率は，税額（$r_G r_T = FE_1$）の全額だけ低下しているわけではない。課税前よりも低下したのは $r_C r_T$ だけであり，税額のうちのその他の部分は，何らかの形で課税された法人以外の負担になっている可能性がある。

法人税の転嫁は別のルートでも生じる。非法人部門では，法人部門からの資本流入によって限界収益率が低下する。課税前の収益率 r_N は，課税後には r_M に低下している。法人税は資本移動を通じて，非課税部門の資本に対しても収益率の低下という効果を与える。非法人部門への影響は一種の転嫁と言えなくもないが，さらに重要な論点は法人税が資本全体の収益率を引き下げるという点である。法人，非法人を問わず資本所有者の実質所得を減少させる可能性があるという点は強調されるべきであろう。

さらに，資本移動によって各部門の労働需要が変化すること，また資本の増減によって労働の生産性が変化すること，などを考慮することも精密な分析では必要になる。要点だけを述べておくと，資本流入地域では労働への需要が増加し賃金が上昇する。また資本増加によって労働の生産性が上昇すれば，これも賃金上昇の契機になる。資本流出地域ではほぼ逆のことが生じると考えられ，これも重要な経済効果である[10]。

9）ただし，非法人部門での価格低下の可能性と両部門の財に対する消費者の需要の弾力性の大きさによって結論は変わる。生産量が減少すれば転嫁が起こるとは言い切れない。

10）以上はごく基本的な論点を略述しただけである。法人税の効果はこれで尽きるものではない。詳しくは Hyman (2005), Browning and Browning (1994), 古田精司 (1974), 林正寿 (1991) などを参照されたい。

4－3　法人税の超過負担

　法人税にはその税負担以上の負担（超過負担）がかなり多量に発生する可能性が指摘されてきた。超過負担は税収入の20％を超えるという推計もあり，法人課税の重要問題である。次の図4－5によって法人税の超過負担という概念を確認しておこう。

　この図は記号を除けば前の図とほとんど同じである。横軸には資本量，縦軸には投資収益率を測る。右下がりの曲線 DC は法人の資金需要曲線で，資本の限界効率（あるいは投資の収益率）を示している。左下がりの DN 曲線は非法人部門の資金需要曲線である。資本量は一定と仮定し，$O_C O_N$ が利用可能な資本量である。

　資本は両部門の収益率が等しくなるように配分されるから，法人税がない場合には，法人部門で $O_C K_0$，非法人部門では $O_N K_0$ の資本が投資され，収益率は $r_0 (=r_1)$ になる。法人税が賦課されると，法人部門の収益率は L に低下し，資金需要曲線は DC_T に下方シフトする。長期的には，収益率の高くなった非法人部門に資本が移転するが，この資本移動 ΔI が租税負担を超える負担をもたらすのである。

図4－5　法人税の超過負担

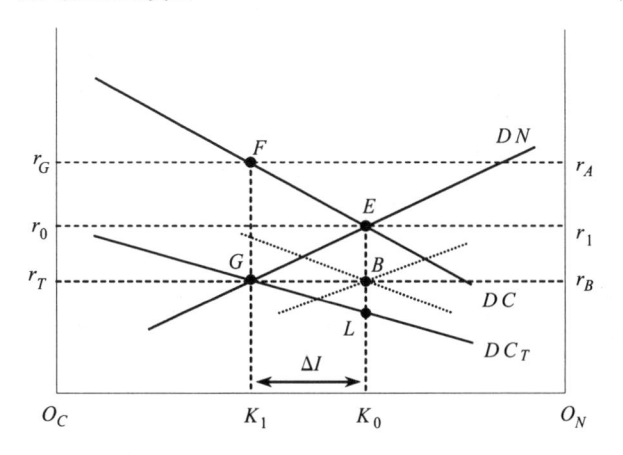

資本が流失した後の法人部門では，税引き後の収益率は r_T，税込みの収益率は r_G である。税収入額（＝納税額）は $r_G r_T GF$ になる。資本流出によって法人部門の収益は減少する。その減少量は資本の減少分 $K_1 K_0$ に対応する $FK_1 K_0 E$ である。他方で非法人部門の収益は資本の流入によって増加する。その増加量は $GK_1 K_0 E$ であるが，これは法人部門の減少量よりも三角形 EFG の面積だけ少ない。この部分が法人税による超過負担である。

超過負担は経済の一部門にだけ課税することから生じている。法人部門にもそれ以外の部門にも同じように課税すれば，超過負担は起こらない。例えば，両部門に対して，課税後収益率が法人部門では r_0 から r_T へ，非法人部門では r_1 から r_B へ減少するような課税が行われれば，両部門の収益率は図の点線のように下方シフトするから，資本は移動せず超過負担は生じない。このときの税収入は四角形 $r_0 r_T r_B r_1$ になるのは説明するまでもないであろう。税収が増えるかどうかは条件次第であるが，少なくとも民間の資源配分を攪乱して超過負担を発生させることは避けられるのである。

5　法人税の根拠と課題

5-1　法人税の課税根拠

法人税にはさまざまな課税根拠があるが，ここでは2つだけ挙げよう。1つは公共サービスの費用を法人にも負担させるためである。法人の生産，販売等の事業活動には，道路や港湾，司法・行政システム等々の各種の公共サービスが必要であり，それを利用する経済主体がその利用分に応じて費用を負担するのは自然である。この根拠は，租税負担配分の利益説から生じる。

しかし，サービス利用の利益と法人の所得とは一致しないかも知れない。前述したように，損失を計上している赤字企業は多い。赤字企業には所得はないから，所得に対する課税では「応分の負担」にはならない。そこで所得金額ではなく，売上金額や生産費用などを課税標準として従価税（つまり売上や費用の一定割合）で課税しなければならない。

これに加えて，公共サービスの費用の負担が課税の理由ならば，課税対象の法人の範囲も問題になるであろう。市町村等の公共法人は別としても，各種公益法人等への課税も再検討が必要である。一部の法人だけを課税するのでは，サービス費用の配分としてはスジが通らないし，資源配分を攪乱する要因にもなる。

　さらに視野を広げると，公共サービスの最終的な受益者も考慮しなければならない。製造企業は公共サービスをさまざまに利用するが，その利益の一部は製品価格の低下として消費者に届く。公益法人等の各種サービス利用者も，間接的に公共サービスの恩恵を受けているかも知れない。公共サービスの利益（したがって負担の配分）は確定しにくく，この根拠は実際には適用範囲が限定される。

　もう1つの課税根拠は，現行の所得税を補完する税としての役割である。法人税が無いと所得税の負担配分に不公平が生じるから，それを防止する税として法人税を置くのである。この議論の要点は以下のようになる。

　法人の利益は株主に配当されて外部に流出するか，留保利益として法人内部に残される。前章でみたとおり，個人に配当された利益は個人段階で配当所得として課税される。法人税が無いと仮定すると，内部留保された利益はその時点では課税されない。留保利益が個人に配分されるまで，課税は延期される。その間に留保資金は利子等を生んで増加するから，課税の延期によって新たな利益が生じる[11]。

　言い換えれば，法人内部に個人所得を蓄積することによって所得課税を回避することができるのである。これは明らかに課税の公平性を損なう。公平性を維持するためには，株主へ配分されるべき所得を，法人税によって所得

---

11) この他に，留保利益の増加は資本の増加であり株価を増加させるという利益もある。株価上昇はキャピタル・ゲイン（資本利得＝所得）であり，発生段階では課税されていない。株式を売却してキャピタル・ゲインが実現すれば譲渡所得として課税されるが，そのときまで課税が延期される。

の源泉で課税する必要がある。この根拠それ自体に反対は無いと思われるが，既に述べた重要な問題が発生する。すなわち，法人所得と配当所得との二重課税の問題である。

5－2　法人税の課題

　法人税には二重課税以外にもいくつかの問題がある。5点だけを挙げておこう。

　第1に，ある個人2人の所得金額が同一であっても，一方が資本所得の割合が大きく，他方が労働所得の割合が大きいというように，所得源泉の割合が納税者間で異なるのが普通である。この場合に，法人税の課税は資本所得割合の大きい個人に不利に働くかも知れず，水平的に公平な租税負担が妨げられる。第2に，法人税は法人組織にだけかかるから，資源配分とくに資本の部門間配分に攪乱をもたらして効率性を損なう可能性も大きい。また第3には，法人税による資本収益率の低下が，経済全体の貯蓄および投資を抑制するという可能性も無いわけではない。第4に，超過負担が生じることは既に述べた。

　最後に，視点は異なるが法人税負担の認識に関わる問題がある。法人税の長期的な転嫁と帰着を正確に辿るのは難しく，負担の実態は大雑把にしか認識できそうもない。税負担を正確に認識できなければ，財政の意思決定において基準となるべき税負担の評価に偏りが生じるという問題である[12]。法人税の負担が最終的には個人に行き着くという常識からすれば，法人税には負担の認識を高めるような何らかの改革が要請される。

　二重課税の問題の解決を含めて，最も根本的な改革は法人税それ自体を廃止することかも知れない。もちろん法人税を廃止するとしても，課税の公平性を維持するには，株式の持ち分に応じて法人利益を個人に帰属させて，個人所得税として総合課税しなければならない。しかし，法人税を個人所得税に統合するというこの解決方法には，株式所有者はかなり頻繁に変わるから，課税所得金額の算定をはじめとして実際にはかなりの困難が予想される。こ

れとは別に,法人の課税所得を計算する際に,配当支払を利子支払と同じように控除するという方法もあるが,いずれにしても議論が決着するには時間がかかりそうである。

---

12) 最終的に誰が負担しているか分からなければ,法人税の増税に対する一般の租税抵抗は少なく,政治的な誘導によって財政支出が膨らむような政策選択が行われる可能性がある。税負担と財政支出を巡る政治・経済的な考察については,林(1991),横山(2000)を是非参照されたい。林正寿教授の指摘されるように(p.57),ある政治・財政状況のもとでは「法人課税の誘惑」が確かに存在する。帰着の不明確な法人税に財政収入を頼るのは,民主主義的な財政の意思決定にとって決してプラスにはならないのである。本書では,財政責任に関連するこの議論にはほとんど触れていないが,法人税のさまざまな経済効果と同じように,意識され難いがゆえに重要な議論である。

第5章 消費税

1 はじめに

　消費または販売に対する課税，つまり消費税は実に多様である。個別消費税として，課税品目を絞って課税することもあるし，特定の流通段階（例えば卸売段階）に，品目を絞らずに課税することもできる。複数の流通段階に同じように課税することもある。

　かつては輸入商品を含めて，個別商品の取引にかかる個別間接税がほとんどであった。その後，さまざまな理由による経費増大を賄うために，課税の範囲が広がってきた。近年における消費課税の重要な進展は，課税範囲が広く一般的な消費税である付加価値税の普及である。付加価値税は1954年にフランスで導入されて収入調達力などの長所が認識され，多くの国々で課税されるようになった。

　わが国でも戦費調達などのため，当時の主な間接税である酒税や砂糖消費税などの増税や新税の導入が何度か行われ，税収入の確保が図られている。戦後の1948（昭和23）年には，多段階の消費税として取引高税が導入され，国税収入の4.7%を徴収したこともある。その後，日本経済が成長するなかで直接税の比重が増えるが，1989（平成元）年に消費税が導入され[1]，税収入に占める間接税の比重が再び高まった。

　わが国の2006（平成18）年度の消費税収入額（国税分）は10.5兆円で，国税総額54.1兆円の19.3%である。所得税の37.5%，法人税の27.6%に次ぐ重要な税収入である。また，地方消費税収入額は2.6兆円で，道府県税総額16.3兆円のうち16.1%を占めており，事業税34.2%，住民税24.4%に次ぐ収入である。今後の財源の必要性や消費税のいくつかの長所を考えると，その存在

　1）酒税やたばこ税などの個別消費税も消費税と呼ばれることがあるから混同しやすいが，わが国の「消費税」は広い範囲の一般的な消費に課税される一般消費税である。

意義は大きい。

　本章では、①消費税のさまざまな類型を整理したうえで、②代表的な消費税の経済効果を分析し、次いで③わが国の消費税制度を整理して、④その負担状況と問題点を検討し、最後に⑤わが国における消費税の課題に触れることにしたい。

2　消費税の種類と経済効果

2-1　消費税の種類

　消費税にはさまざまな種類がある。まず、区分しなければならないのは取引数量に対して課税する従量税（例えば蒸留酒類1キロリットル当たり20万円の酒税）と取引価格に対して課税する従価税（例えば消費金額の4％の消費税）である。従価税は価格が上昇すれば税額が増えるが、従量税は価格が上昇しても税額は一定である。インフレ時には従価税の収入は増え、従量税の収入は相対的に減少する。

　次に、個別消費税と一般消費税の区分がある（図5-1参照）。個別消費税は特定の財やサービスに課税する税である。具体的には酒税やたばこ税、揮発油税などがある。個別消費税を課税すると、課税された財やサービスの価格が相対的に上昇し、その消費は減少する。この消費減少によって生産が減少すれば、その分の資源は余分になり別の財の生産に向かうことになる。課税財を不利に、非課税財を有利にして市場の資源配分を変更させるから、個別消費税は資源配分に対して中立的ではない。

　しかし、個別消費税の課税では、所得分配の実質的な平等化や消費の抑制などが政策目的になることもある。例えば贅沢品に課税すれば、その購入者は高額所得者であろうから、租税負担を考慮した実質的な所得分配は平等化される。ガソリンに課税して消費を抑制することができれば、環境負荷の減少に貢献できるかも知れない。こうした課税では、民間市場に介入しない中立性の原則よりも、各政策目的を優先させているのである。多くの国々で、

図5-1 消費税の類型

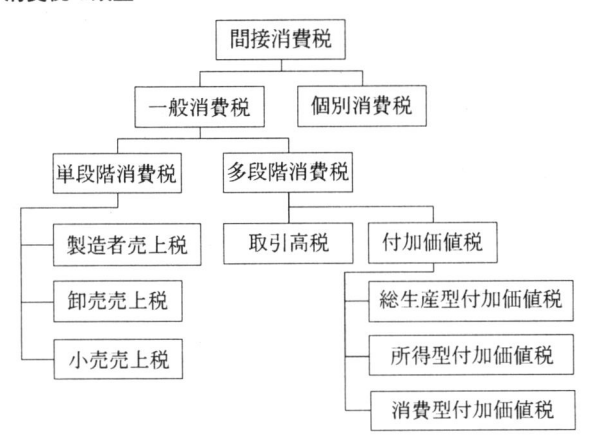

```
                    間接消費税
                   ／      ＼
              一般消費税    個別消費税
             ／      ＼
        単段階消費税  多段階消費税
        ｜          ｜      ｜
    ├製造者売上税  取引高税  付加価値税
    ｜                      ｜
    ├卸売売上税            ├総生産型付加価値税
    ｜                      ｜
    └小売売上税            ├所得型付加価値税
                            ｜
                            └消費型付加価値税
```

　個別消費税は一般消費税に代わられてきているが，その役割がすべて否定されたわけではない[2]。

　一般消費税は課税する財・サービスを特定せず，消費一般に課税する税である。これには単段階税と多段階税がある。単段階消費税は生産・流通過程の１つの段階で課税する。具体的には製造者売上税，卸売売上税，小売売上税があり，各段階の業者が納税義務者になる。課税範囲は消費（＝売上）一般であるが，実際には，低所得者への配慮などから食料品や医薬品が非課税になることも多い。

　製造者売上税や卸売売上税は，小売売上税に比べると納税義務者の数が少ない。税務行政は比較的容易であり，開発途上国には多くみられる。しかし，課税ベースが狭くなるため，一定の税収入を得るには税率を高く設定しなけ

　2）個別消費税の政策効果は直感的に理解しやすいが，課税効果が生産側にも及ぶことも考えなければならない。贅沢品の生産が減れば，生産者の所得が減る。生産者も高額所得者であるとは限らないから，実質所得の平等化が進むかどうかは明言できない。また，増税によって販売額が減り租税収入は減少するかも知れず，そうなれば税収不足をどのように補充するかも検討課題になる。

ればならない。小売売上税は課税ベースが広いから，低い税率でも多くの税収を上げられる。アメリカでは小売売上税が州の重要な税源となっている。

多段階の消費税には取引高税と付加価値税がある。両者の決定的な相違は，前段階の取引にかかる税額の取扱いにある。

取引高税は，販売した商品を仕入れるときに負担した税の控除を認めない。仮に税率10％として，1,000円の商品を税込み1,100円（＝1,000×1.1）で仕入れた業者が，次に自分の税負担額も加えて2,100円で販売するとしよう。税込みの販売金額は2,310円（＝2,100×1.1）になる。そこで納税額は，最初の業者が100円，次の業者は210円である。この210円のうち10円は，前段階の税負担額100円に対する税である。取引高税は取引の各段階で課税するから，低い税率で高い税収が得られる。しかし，税に税をかけるという不合理に加え，取引回数を減らせば税負担が減るから，各流通段階にある企業の垂直的統合を促進させるなどの問題があった。[3]

取引高税とは違って，付加価値税では前段階の取引で負担した税額は納税額から控除することができる。生産・流通過程における税額の累積がないという際だった特徴がある。一定の税収入を挙げるには取引高税よりも高い税率が必要であるが，企業統合の誘因になることも無く，後述するように中立性の課税原則からも優れていると考えられている。

付加価値税には，総生産型，所得型，消費型の3つのタイプがある。付加価値という課税標準をどのように定義するかによる違いである。まず，①総生産型付加価値税では，原材料の購入額を売上額から控除して付加価値を計

3）取引高税は，フランス，イギリス，イタリアなどヨーロッパ諸国の例が知られている。取引高税の欠陥に気付き，それを廃止した多くの国が製造者売上税に移行した。付加価値税の採用はさらに後のことである（シャウプ『財政学』第8章を参照）。取引高税は日本でも1948（昭和23）年に食料品など一部の商品を除いて1％の税率で導入されたが，シャウプ勧告によって翌年には廃止されている。同勧告の重要要素であった付加価値税導入は，その40年後のことである。

算する。しかし，資本設備の購入費は売上から控除できない。付加価値を生み出す費用として，原材料費用しか認めないのである。

次の②所得型付加価値税では原材料費に加えて，資本設備の減価償却費を控除することができる。生産活動を行なうと資本設備の価値が減耗するから，その分の減価償却費を生産費用として認めるのである。このタイプは付加価値をより正確に把握しようとしている。当然のことであるが，総生産型よりも課税標準は狭くなる。減価償却費には課税しないことから，総生産（または総所得）型に対して，純所得型と呼ばれることがある。

最後に③消費型付加価値税では，原材料費に加えて，資本設備の減価償却費ではなく資本購入費それ自体の控除が認められる。各企業の売上金額から原材料費を控除して，さらに資本購入費（＝投資支出）も控除するから，その残額の課税標準はいわば消費である。マクロ経済的にみると，課税標準は民間消費支出にほぼ等しいものになる。

以上の各付加価値税の課税標準を整理すると以下のようになる。日本の消費税は第3節でその概略を述べるが，③消費型付加価値税である。

区　分	課税標準
①総生産型付加価値税	売上－原材料費
②所得型付加価値税	売上－原材料費－減価償却費
③消費型付加価値税	売上－原材料費－資本購入費

2－2　個別消費税の経済効果

付加価値税は広く普及してきたが，個別消費税も依然として重要な税源である。ここでは個別消費税の経済効果をまず考察し，次にそれと比較しながら一般消費税を考えよう。

財・サービスの消費への課税は，その価格を引き上げると考えてよい。通常は，価格が上昇すれば需要・消費量は減少する。したがって，生産量も減少する。図5－2は個別消費税のこうした経済効果を示している。横軸は課税された財の数量，縦軸は価格を測る。右上がりの曲線Sは生産企業の供

給曲線，右下がりの曲線 D は消費者の需要曲線である。

課税前には，この市場は点 E で均衡している。均衡価格 P_0 のもとで需要量＝供給量は Q_0 である。ここで1単位当たり T の従量税が生産者に課税されると，供給費用が税金分だけ増えるので供給曲線は S_T へ上方シフトする。そこで課税後の均衡点は A に移動する。価格が P_D に上昇するから，需要量は需要曲線にそって Q_1 まで減少する。生産量も Q_1 まで減少することになる。

図5－2　個別消費税の経済効果

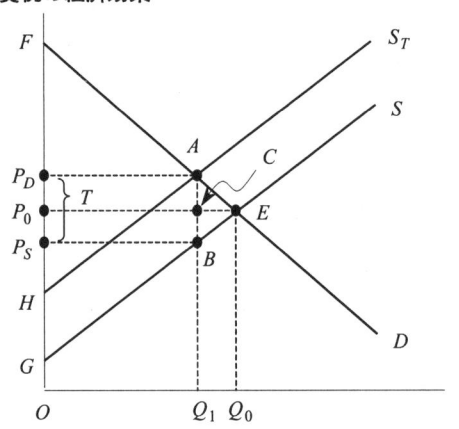

生産者が納税義務者であるとすれば，販売収入のうちから税額を支払わなければならない。販売収入は価格×生産・販売量だから，課税後は図の四角形 $P_D O Q_1 A$ の面積になる。製品1単位当たりの税額が T であるから，四角形 $P_D P_S B A$ の面積が納税額である。しかし，生産者はこの全額を負担しているのではない。課税前に生産者の受け取っていた価格は P_0 であり，課税によって減少する受取価格は $P_0 P_S$ に過ぎない。価格が $P_D P_0$ だけ上昇することによって，生産者の納税額の一部は消費者へ転嫁されている。消費者に納税義務はないが，課税前より高い価格を支払うことで税の一部を負担している。消費者の負担額は $P_D P_0 C A$ である。もちろん残りの税額 $P_0 P_S B C$ は，生産者が（税引後の）収入を減少させて負担する。

このように個別消費税は生産者と消費者が負担するが，この負担額以上の

負担が生じる可能性が高い。それが第2章でも触れた超過負担である。図5－2では，消費者余剰の減少分 ACE と生産者余剰の減少分 CBE の合計が超過負担になる。超過負担は，課税によって減少する消費者の効用および生産者の利潤の一部である。生産量や消費量が減少すれば，その減少分に応じた利潤や効用が減少すると考えれば理解しやすい。

2－3 個別消費税と一般消費税

個別消費税には超過負担が発生する可能性が高い。超過負担は租税負担を越えて生じる負担であり，経済的な損失であるから減少させることが望ましい。個別消費税を整理して，一般消費税に変更することによって，超過負担は減少すると考えられている。

この点を考察するために，図5－3によって個別消費税と一般消費税を比較しよう。図の横軸には X 財の数量を測り，縦軸には Y 財への支出額を測る。ここで Y 財は，X 財以外の財のすべての財を合計したものである。消費者は一定の所得のもとで，課税前には最大の効用を実現させる点 E_1 を選択していると考えよう。

図5－3　個別消費税と一般消費税

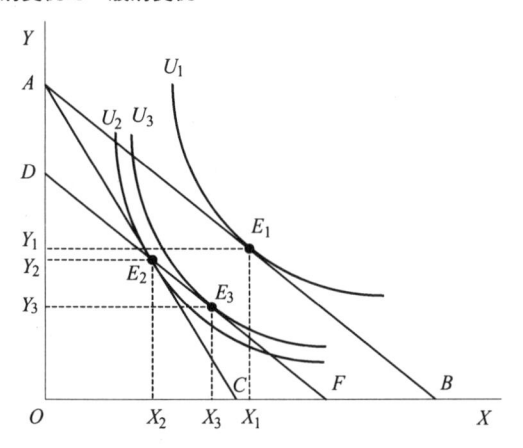

まず，個別消費税がX財に賦課されると，上でみたようにX財の価格が上昇するから，予算線がABからACへ回転シフトする。そこで均衡点はE_2へ移動し，X財の消費量はX_1からX_2へ減少する。その他の財の購入額はここではY_1からY_2へ減少する。予算線と接する無差別曲線はU_1からU_2に変わるから，効用水準は課税によって低下している。

次に，個別消費税に代えて同じ税収入となる一般消費税を導入する。一般消費税はすべての財に課税されるので，予算線はABと平行に下方へ移動すると考えることができる。新しい予算線DFが個別消費税の場合の均衡点E_2を通る位置まで移動すれば，ABとDFの垂直距離ADで測られる税額は個別消費税と同じである。

一般消費税の場合の均衡点は，予算線DFと無差別曲線U_3の接点で示されるE_3になる。X財の消費量は個別消費税のときよりも大きく（$X_2 < X_3$），Y財（X財以外の財）の消費金額は個別消費税のときよりも小さい（$Y_2 > Y_3$）。こうしたX財とY財の消費の動きは，個別消費税を一般消費税に代えた当然の結果であるが，問題は課税による効用水準の低下の大きさである。

効用水準は，個別消費税のときにはU_2で，一般消費税のときにはU_3である。課税前の効用水準U_1と比べて，税額が一定であるにもかかわらず，一般消費税のほうが効用の低下が小さい。逆に言えば，個別消費税は一定の税収を得るために，一般消費税に比べて余分の負担を経済に与えているのである。この余分の負担を避けられることから，一般消費税は個別消費税よりも優れていると言える[4]。

4）全商品・全サービスに同一税率で課税したとしても，需要量あるいは消費額が同じ割合で減少するとは限らないから，以上の推論は大雑把なものである。しかし，個別消費税と一般消費税の相違を直感的に判断する役には立つであろう。なお，このような図式では一般消費税は形式的には定額の所得税に等しい。労働所得にかかる所得税は，第3章でみたように余暇の機会費用を低下させるから，労働と余暇（＝一種の消費財）の選択に対しては中立的ではない。

3 消費税制度の概略

3-1 基本構造

日本の消費税の基本構造は以下のようになっている。

まず，消費税の課税対象は国内における財・サービスの販売・提供等の取引である[5]。課税対象の取引には輸入取引もある。つまり，保税地域（輸入商品への課税が一時保留される場所）から引き取られる外国貨物も課税対象である。納税義務者は製造業や小売業などの事業者（法人および個人）はもとより，サービス業者，作家，タレントなどの自由業者，国，地方公共団体，公共・公益法人なども資産の譲渡を行なう場合には含まれる。ただし，課税売上高が1,000万円以下の小規模事業者は，納税義務が免除される（しかし輸入取引には適用されない）。この事業者を免税事業者と呼ぶ。

消費税は原則として，すべての取引を課税対象とするが，非課税の取引もいくつかある。土地の譲渡や貸付，利子，保険料，切手，商品券の譲渡，一部の医療，福祉事業，火葬・埋葬料などである。こうした取引による売上は，課税売上には入らない。非課税取引には消費税が課税されないが，その売上に対応する仕入にかかる税額を控除することもできない。

また，課税対象取引にはなるが免税となる取引もある。消費が国外で行われる輸出は免税取引である。非課税取引と同じように売上に課税されないが，免税取引は仕入にかかる税額を控除することができる。輸出のほか国際輸送や通信なども免税取引である。

---

5) 課税対象取引とは，①国内で，②事業者が事業として，③対価を得て行なう取引である。これ以外の取引，つまり国外で事業としてではなく行われた対価がない取引は不課税取引になる。また，課税取引ではあるが政策的な配慮などから非課税になる品目が規定されている。

消費税の税率は4％であるが，都道府県税の地方消費税を合わせると5％である[6]。

消費税の基本的な計算構造は次式のとおりである。

　　課税標準額×消費税率－仕入等にかかる消費税額＝消費税額

消費税の課税標準額は，税抜きの課税資産の譲渡等の対価の額，つまり税抜き売上金額の合計である。この売上にかかる消費税額の実際の計算は，税込みの金額を105で割って5を掛けて計算し，仕入税額を差し引く。

次の図5－4の仮設例によって，生産・流通段階を追って消費税の仕組みを確認しておこう。

原材料の生産業者が10,000円を売り上げて，仮に仕入がないとすると売上の全額が付加価値で，その5％にあたる500円が消費税額になる。次の完成品製造業者は原材料を税込み10,500円で仕入れて，それを加工し付加価値20,000円を加えて，30,000円の商品を作製する。これを税込み31,500円で販売する。完成品製造業者の消費税額は，売上にかかる消費税－仕入にかかる消費税である（31,500円×5／105－500円＝1,000円）。

卸売業者は前段階の製造業者から31,500円で仕入れた商品を，保管したり移動させたりして付加価値20,000円を加え，小売業者に52,500円で販売する。卸売業者の消費税額も同じように計算される。最終的に消費者に販売する小売業者は，販売サービス等の付加価値10,000円を加えて，税込み63,000円で販売する。消費税はやはり同じように計算される。

各段階の消費税額を加えると3,000円になるが，それは消費者の支払った消費税額に等しく，また各段階の付加価値の合計に5％を掛けた数値に等しい。すなわち，わが国の消費税は付加価値税でもある。

6）地方消費税は国税の消費税額を課税標準として25％の税率で課税される。したがって，消費税（4％）と地方消費税（4％×25％＝1％）の合計で5％の税率になる。

図5－4　消費税の仕組み（税率5％の例）

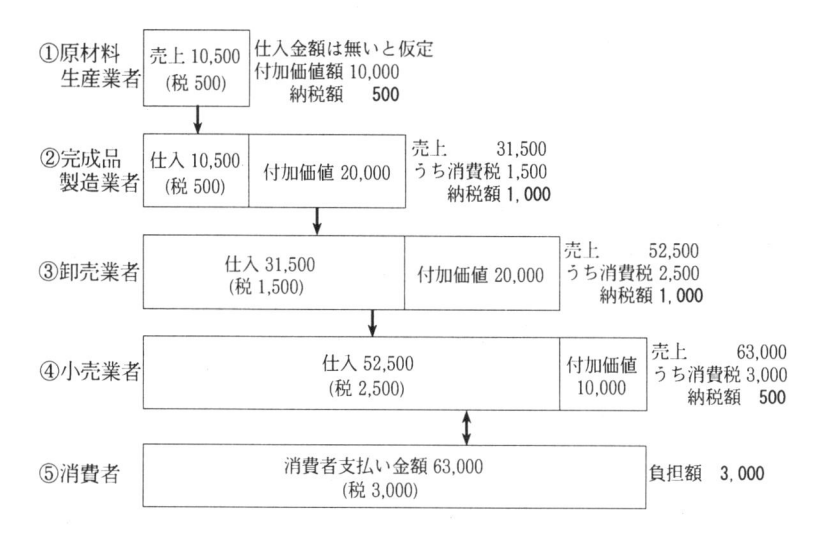

①原材料生産業者：売上10,500（税500）　仕入金額は無いと仮定　付加価値額10,000　納税額500

②完成品製造業者：仕入10,500（税500）　付加価値20,000　売上31,500　うち消費税1,500　納税額1,000

③卸売業者：仕入31,500（税1,500）　付加価値20,000　売上52,500　うち消費税2,500　納税額1,000

④小売業者：仕入52,500（税2,500）　付加価値10,000　売上63,000　うち消費税3,000　納税額500

⑤消費者：消費者支払い金額63,000（税3,000）　負担額3,000

3－2　負担状況

　わが国における消費税の負担はまだそれほど大きいものではない。1989（平成元）年からの消費税の負担率は次の図5－5のとおりである。[7]

　まず，国内総生産に対する消費税収入の割合で負担率をみると，税率が3％だった期間は導入初年度を除いて1.5％前後である。平成9年に地方消費税を含めて税率が5％に引き上げられてから近年までは，2.5％前後である。民間消費支出に対する割合では，税率3％のときには2.6％前後で，税率引き上げ後には4.5％前後である。

　消費税の収入額は税率引き上げ前が約7兆円，近年が約13兆円である。近年の数値を税率で割ってみると，税率1％あたり約2.6兆円になる。つまり，税率を1％引き上げると税収入は約2.6兆円も増えるということである。仮に，税率を現在の2倍の10％にすると税収入も2倍の約26兆円になる。課税

　7）ここでの消費税の収入額は，国税の消費税に特別会計分（消費譲与税）および地方消費税を合計した金額である。

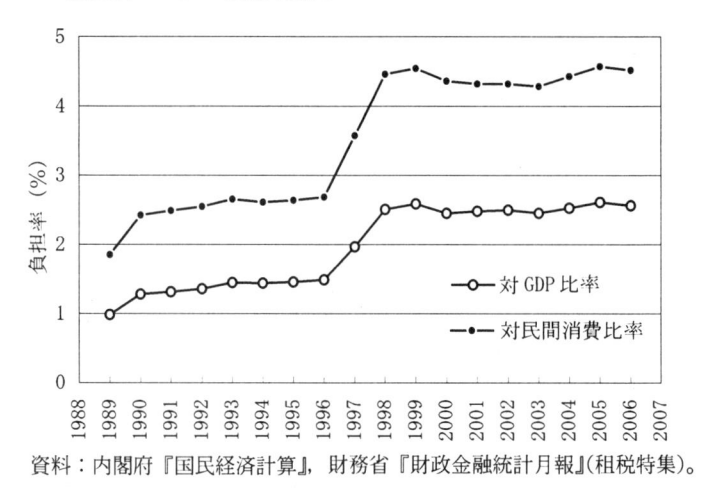

図 5 − 5　消費税のマクロ経済的負担

資料：内閣府『国民経済計算』，財務省『財政金融統計月報』(租税特集)。

範囲の広い付加価値税であるわが国の消費税は，税収調達力が非常に大きいことが分かる。

　消費税の収入は年度間の変動が少ないという特徴もよく知られている。課税対象の消費支出が，個人所得や法人所得に比べて安定しているからに他ならない。税収入の安定性は経済活動への中立性に匹敵する消費税の長所である，といって良いであろう。なお，消費税導入時（1989年度）と税率引き上げ時（1997年度）の負担率がそれ以降に比べて小さいのは，消費税の申告納税と収納との間に会計年度を越える制度的な遅れがあるなどのためである。経済的な要因による変動とは性格が異なる。

　消費税には長所もあるが，負担の逆進性という短所もある。後に述べるように，消費税負担の逆進性はさまざまに解釈できるが，ある一定期間の所得水準に対して，負担が逆進的になることは疑う余地がない。

　次の表 5 − 1 は，所得階層別の消費税の負担状況を計算したものである。負担率Ⅰは勤労者世帯の所得（実収入）に対して，消費税額（消費支出金額に 5／105 を掛けて算出した推計値）がどのような割合になっているかを示している。所得の低い階層では 3 ％以上の負担率であるのに対して，所得の高い

階層では3％未満の負担率になる。第Ⅰ階級と第Ⅹ階級の負担率の差は1％ポイントある。所得階層別負担率をグラフ化した図5－6でも，負担が逆進的であることを確かめられよう。

表5－1　消費税の所得階級別負担（勤労者世帯）

円，％

所得階級	A 消費税 （推計額）	B 実収入	C 可処分所得	D 社会保障給付後所得	負担率Ⅰ A／B	負担率Ⅱ A／C	負担率Ⅲ A／D
Ⅰ	6,793	194,910	173,541	186,216	3.5	3.9	3.6
Ⅱ	8,749	266,095	234,746	246,974	3.3	3.7	3.5
Ⅲ	9,830	314,503	274,276	290,042	3.1	3.6	3.4
Ⅳ	11,221	369,204	317,015	331,892	3.0	3.5	3.4
Ⅴ	12,600	410,515	352,592	371,547	3.1	3.6	3.4
Ⅵ	13,079	454,549	389,109	403,979	2.9	3.4	3.2
Ⅶ	14,409	515,264	436,220	450,147	2.8	3.3	3.2
Ⅷ	16,787	590,523	492,576	504,654	2.8	3.4	3.3
Ⅸ	18,953	698,568	576,128	591,309	2.7	3.3	3.2
Ⅹ	23,319	947,463	755,171	769,727	2.5	3.1	3.0

注）可処分所得（C）は所得税，住民税，社会保険料等を支払った後の所得（月額）である。また，社会保障給付後所得（D）は可処分所得に社会保障給付を加えた所得である。
資料：総務省統計局編『家計調査年報』（平成18年）。

図5－6　所得階級別の消費税負担率

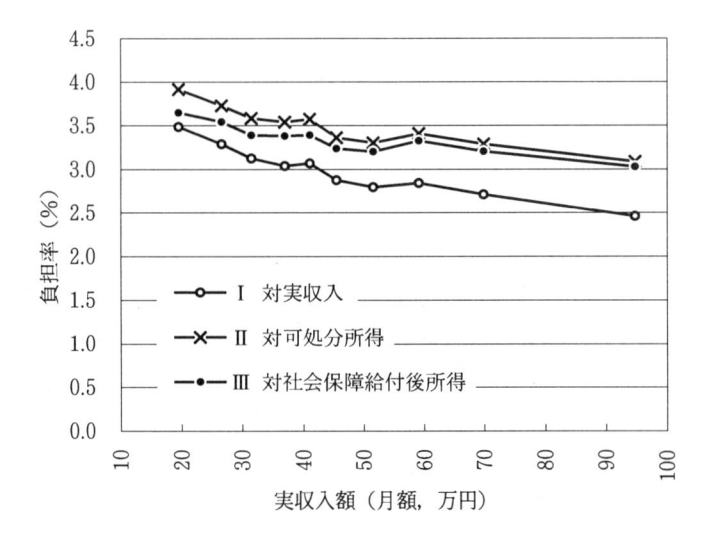

負担率Ⅱは，所得税などの税負担の効果も考慮するために，可処分所得に対する消費税額の割合を求めたものである。低額所得者と高額所得者の負担率の差は小さくなり，逆進性の程度はいくぶん減少する。第Ⅰ階級と第Ⅹ階級の差は0.8％ポイントになる。

負担率Ⅲは，可処分所得に社会保障給付を加えた所得を基準にして負担率を計算した場合である。所得課税による所得平等化に加えて，移転支出による所得再分配の効果も負担能力として考慮しようとしたものである。この社会保障給付を加えた所得で測ると，負担率の格差はさらに縮小する。第Ⅰ階級と第Ⅹ階級の差は0.6％ポイントである。

租税負担の累進性や逆進性についてはさらに厳密な計測が必要であるが，以上のような単純な比較計算でも，消費税負担が所得に対して逆進的であること，その他の税負担や社会保障制度の効果を調整すれば，逆進性を緩和させることができそうなことは分かる。消費税の逆進性対策は，租税制度全体さらには支出を含む財政全体で取り組むべきものであろう。

4 わが国の消費税の問題点

4-1 消費税負担の逆進性

消費税の負担の逆進性は，消費一般に課税する以上，どの国でも必ず生じる。ただし，逆進性が問題になるかどうかは経済や財政の状況次第である。

逆進性の問題を考えるために，所得と消費と消費税負担の関係を改めて整理しておこう。次の図5-7は横軸に所得水準，縦軸に消費額と税負担額を測っている。直線Cは所得が上昇するときに消費支出が上昇することを示す消費関数である。所得が増えれば消費が増えるが，所得が増加するほどには消費は増えない。したがって，消費の所得に対する割合（消費／所得）は所得が増えると低下する（$C_1/Y_1 > C_2/Y_2$）。

消費税はこの消費金額に対して比例的に課税されるから，消費金額の一定割合が消費税の負担額になる。直線Tは消費税負担額と所得水準との関係

を示した租税収入関数である。消費税負担額の所得に対する割合は，所得水準が高くなると低下する（$T_1/Y_1 > T_2/Y_2$）。すなわち，消費税の負担は逆進的で，公平な負担配分という原則に反する課税だと言うことになる。

図5-7　消費税の負担

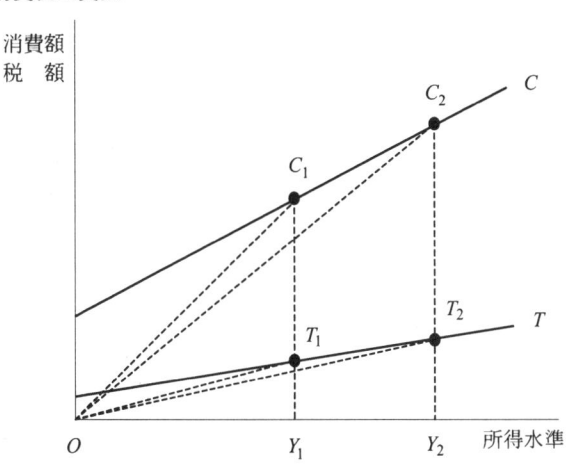

実際には多くの国で，医療，教育，文化など，必需的あるいは社会的な必要性が高いと考えられる財・サービスは非課税となっている。したがって，実際の負担は逆進性を示すよりもむしろ比例的な負担に近くなることも考えられる[8]。国の所得税や地方の住民税の負担が累進的であること，また低所得者に給付される各種給付金も考慮すれば，租税制度全体さらに財政システム全体としては，消費税の逆進性をことさら問題にする必要はないのかも知れない。消費税それ自体の逆進性は重要なことであるが，その側面だけをみて消費税の利点を軽視するのは好ましくない。

　逆進性の議論が，租税負担能力を所得で測っている点も考慮しなければならない。高額所得者は所得に占める消費の割合が小さい。したがって，消費

---

[8] わが国の負担率も，前節でみたように逆進的ではあるが，強いとまでは言えないし，所得税等によって逆進性はかなり緩和されている。

税の負担率も小さくなる。しかし，所得を基準にして負担率を測るのは適切ではないという見方もある。所得ではなく消費こそが，租税負担能力を正しく測る尺度であるかも知れない。消費を基準にすれば，一定の税率で消費全般に課税する限り，消費税の負担は比例的（$T_1／C_1 = T_2／C_2$）になる[9]。

4－2 益税

逆進性とは性質が異なるが，消費税の第2の問題点は「益税」である。益税とは，消費者の支払った消費税額が事業者の手元に残され，国庫に収納されないという制度的な問題である。この問題が生じるには少なくとも2つのルートがある。

第1は，事業者免税点制度である。事業者は原則として納税義務があるが，課税売上高1,000万円以下の小規模で零細な事業者は，納税事務負担等を考慮して納税義務が免除される（1,000万円の免税点は平成16年からで，それ以前は3,000万円であった）。この免税事業者が同業の課税事業者に歩調を合わせて値上げができれば，その税額は免税事業者のものになる。納税義務者が租税利益を得るのだから「益税」だと言う訳である[10]。

---

9) 負担者の経済状況は千差万別だから，租税負担能力の測定は難しい問題である。所得よりも消費を担税力とすべきであると主張する経済学者や財政学者は数多いが，貯蓄や子孫などへの遺贈をどのように取り扱うかという論点もあり，結論は簡単にはでそうもない。

10) 売上高1,000万円以下の事業者も税務署長へ届け出れば納税義務者になることができる。免税事業者になることを選択すると，売上にかかる消費税の納税は免除されるが，前段階の仕入にかかる税額を控除することもできなくなる。そこで，売上に消費税がかからない輸出専門の業者（輸出は免税取引）などは，仕入税額控除ができて消費税が還付されることもあるから，売上金額が小さくとも敢えて課税事業者を選択することもある。なお，課税売上高は基準期間（個人は前々年，法人は前々年度）の金額で判定する。

第5章　消費税

　第2のルートは，課税売上高5,000万円以下の事業者に認められる簡易課税制度である。この制度は，消費税額の計算を仕入税額控除による計算方法ではなく，売上に係る消費税額だけで簡単に行なうことを認める制度である。

　消費税の税額は通常，前節でみたとおり，

　　売上にかかる消費税額－仕入れにかかる消費税額

によって計算される。簡易課税制度では，この仕入にかかる消費税額を，

　　売上にかかる消費税額×仕入率

で計算できる[11]。個別の仕入を合計しなくとも，売上合計額が分かればよいのである。売上の消費税額に掛ける仕入率は，業種ごとに決められている「みなし仕入率」を使うことになる[12]。

　具体例を挙げてみよう。仮に，みなし仕入率60％の業種で実際の仕入率が50％であったとすると，売上が4,000万円の事業者の仕入は2,000万円である。そこで100万円（＝4,000×0.05－2,000×0.05）の消費税を納めなければならない。しかし，簡易課税制度を適用すれば60％のみなし仕入率で計算できるから，80万円（＝200－200×0.6）の納税で済むことになる。この100万円と80万円の差額，20万円が「益税」になる。

　実際の仕入率がみなし仕入率よりも低いために，「益税」が発生する。仕入段階で支払う消費税が少ない分だけ「益税」になっている訳である。しか

――――――――――

11) 仕入にかかる消費税額は，税率×仕入で計算される。この式に売上を掛けて売上で割れば，

$$税率 \times 仕入 = 税率 \times 売上 \times \frac{仕入}{売上}$$

となる。右辺の税率×売上は売上にかかる消費税額で，最後の項の仕入／売上は，言うまでもなく仕入率である。

12) みなし仕入率は第1種事業：卸売業90％，第2種事業：小売業80％，第3種事業：農業，林業，鉱業，建設業，製造業70％，第4種事業：飲食店，金融・保険業60％，第5種事業：不動産業，運輸通信業，飲食以外のサービス業50％と法定されている。

し，市場取引には常に不確実性がつきまとう。何らかの理由で仕入れ価格が高騰すれば，実際の仕入率はみなし仕入率を超えるかも知れない。その場合には，「余分」の消費税を支払うことになる。「益税」は消費税の制度的な問題であるが，経済状況によっては簡易課税制度を適用した事業者に「損失」が生じるかも知れない。

5　消費税の課題

　消費税率を引き上げることができれば，その収入調達力は遺憾なく発揮されるであろう。社会福祉財源にするにしてもその他の財源にしても，安定的で多額の税収入を得られる。しかし，税率の引き上げは意外と難しそうである。法人税などとは違って，税負担は今のところはある程度まで納税者に認識される。所得に対する負担が逆進的であることも理解されている。負担が不公平であると意識されてしまえば，増税に賛成する者はいない。

　EU諸国の付加価値税率は，わが国に比べると非常に高い。ノルウェー，スウェーデン，デンマークの25％が最高税率で，ルクセンブルク，キプロスの15％が最低税率である。その間にベルギー，アイスランドの21％，オーストリア，イタリアの20％，イギリスの17.5％など（いずれも2008年の標準税率）がある。わが国の3～5倍の税率である。付加価値税率15％がEU加盟条件であるという事情を差し引いても，これだけ高い税率を国民に納得させるのは容易ではないはずである。

　高い税負担を受け入れるには，その負担に見合う各種金銭給付や公共サービスの利益が実感されなければならないのは当然である。さらに，一部食料品などの税率軽減，医療・教育の免税など，逆進性を緩和させる措置があればさらに良い。言い換えれば，財政支出側の手厚い施策と日常の消費生活のなかで消費税負担の軽減が実感される必要があるのであろう。

　数10兆円の公債を発行しなければならない現在の財政状況の下で，社会福祉にかぎらず財政支出を増加させるのは容易ではない。財源確保のために消

費税の増税を実現するには、まずは消費税制度の枠内における逆進性の緩和策が必要になる。そのためには非課税品目の設定に加えて、現在の単一税率を複数税率に変える必要もある。税率を複数化するには、現行の帳簿方式による税額計算をインボイス方式[13]によるものへ変更する必要があるかも知れない。

インボイス方式によれば、記載された税額によって仕入税額を正確に把握できるから、公正な課税には好ましい方法である[14]。しかし、簡易課税制度は使用できなくなるから、小規模事業者の納税事務負担が増えることは覚悟しなければならない。また、免税事業者が取引から排除されやすいという問題なども生じる。インボイスに登録番号などを記載するのに抵抗感があるとも言われている。課税の公平と公正を維持しながら消費税を増税するには、財政支出政策の他にも多くの課題があるが、現行の課税方式の改善もさらに探る必要がある。

---

13) インボイスとは販売者が購入者に発行する書類で、取引の年月日、販売者・購入者の住所・氏名、取引の内容・金額、税率・税額を登録番号とともに記載し、その保存が仕入税額控除の要件となるもので、税額票とも言われている。わが国では、帳簿の記載金額によって税額を計算している。

14) インボイス方式を採用することによって、脱税などの不正行為が完全に防げる保証はない。近年、輸出取引における仕入税額控除を利用した不正還付請求、脱税がEU諸国で問題になっている。Slemrod and Bakija (2008) pp.249-50 参照。

補論：個別消費税の超過負担

　本文で説明した個別消費税の超過負担は，税率，需要の価格弾力性，供給の価格弾力性の大きさに左右される。次の図5-補1によって，超過負担を計測するための計算式を組み立ててみよう。

図5-補1　個別消費税の超過負担

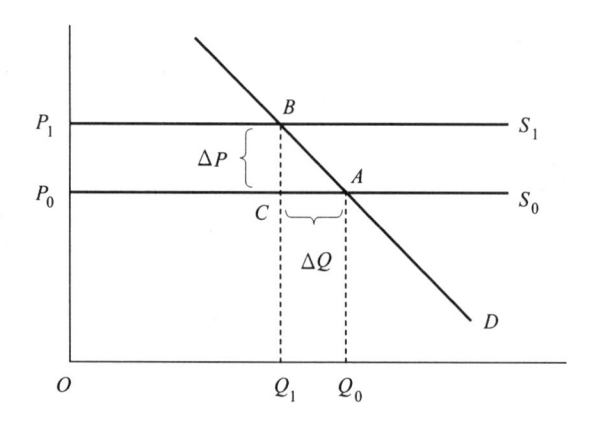

　超過負担 EB の大きさは三角形 ABC の面積である。面積の計算式は，底辺×高さ÷2であるから，図の記号では次式のように書ける。

（1）　$EB = \dfrac{1}{2}(AC)(BC)$

底辺の AC は課税による消費の減少分 $\Delta Q\ (=Q_0-Q_1)$ である。高さ BC は課税による価格の上昇分 $\Delta P\ (=P_1-P_0)$ であるが，これは課税前の価格 P に税率 t をかけた数値に等しい。そこで，$\Delta P = tP$ である。以上の表記によって（1）式を書き換えると次式になる。

（2）　$EB = \dfrac{1}{2}tP(Q_0-Q_1) = \dfrac{1}{2}tP(\Delta Q)$

ところで，消費の減少分 ΔQ は，需要の価格弾力性 e を計算する次式（3）

から求めることができる。

(3) $\quad e = \dfrac{\Delta Q}{Q} \Big/ \dfrac{\Delta P}{P} = \dfrac{\Delta Q}{Q}\dfrac{P}{\Delta P}$

(4) $\quad \Delta Q = e\dfrac{\Delta P}{P}Q = e\dfrac{Q}{P}\Delta P$

この(4)式の ΔP を tP に代えると，次式(5)のように書くことができる。

(5) $\quad \Delta Q = e\dfrac{Q}{P}tP = eQt$

そこで，(2)式の ΔQ を eQt に代えて整理すると，次の超過負担の計算式を得る。

(6) $\quad EB = \dfrac{1}{2}tPeQt = \dfrac{1}{2}et^2PQ$

　この式の意味していることは，①需要の価格弾力性が大きければ，②課税前の価格が高ければ，③課税前の取引量が大きければ，そして④税率が高ければ，超過負担は大きくなると言うことである。特に税率は，その二乗をかけることになるから，超過負担を増大させる効果が大きい。

　以上は供給曲線が水平な場合の超過負担の計算である。供給曲線が右上がりの場合には生産者も租税を負担するから，需要の弾力性 e_D に加えて供給の弾力性 e_S も考慮しなければならない。この場合の超過負担の計算式は次式のようになる。

(7) $\quad EB = \dfrac{1}{2}\left(\dfrac{e_D e_S}{e_D + e_S}\right)t^2PQ$

供給の弾力性 e_S が無限大（すなわち供給曲線が水平）であれば，式の（　）のなかは無限に e_D に近づくから，そのときには上の(6)式と同じになる。

第6章　固定資産税

1 はじめに

　本章では資産に対する課税のうち，固定資産への課税を考察する。資産税の形式，具体的な税種はさまざまであるが，ここでは，わが国の資産税の中心となっている固定資産税だけを取り上げることにしたい[1]。

　資産課税を形式的に分けると，資産保有に対する課税とその運用益に対する課税に二分できる。しかし，この2つは実質的には同じである。地価1,000万円の土地に税率1％で課税すると，租税負担は10万円になる。その土地を貸して得た所得100万円に税率10％で課税すれば，税負担は同じく10万円になる。わが国の固定資産税は資産保有税であるが，資産の運用益に対する課税とみることもできる。

　固定資産税は，主に市町村の財源となる地方税である。固定資産税の収入は，①比較的安定していて，②地域間の格差が小さく，③応益課税を実現させ易いと考えられている。そこで，市町村の租税収入として適性が高いと言われている。しかし，近年では地価の下落等によって収入額が減少しているうえ，非課税措置や負担軽減措置のために制度が複雑化している。財源調達という機能だけでなく，公共サービスの価格としての機能も果たすことが難しい現状にあると考えられ，地方分権をすすめるうえでも制度改革の必要性は高い。

　以下では，まず①固定資産税の制度の概要を整理し，②市町村税収入における固定資産税収入の重要性や役割を確認しよう。その上で，③固定資産税の経済効果と負担について考察する。最後に，④地方税に特有の原則を考慮しながら固定資産税のいくつかの課題に言及する。

---

　1) わが国の資産税としては，固定資産税，都市計画税，相続税，贈与税などがある。

2　固定資産税の制度

2－1　制度の概要

　固定資産税は，市町村が固定資産を課税客体として，その所有者に課税する物税である[2]。課税客体の固定資産とは土地，家屋，償却資産の総称である[3]。

　課税標準は，原則として固定資産の「適正な時価」で評価された価格である。「適正な時価」を巡って議論も多いが，この固定資産評価額に税率をかけて税額が計算される。しかし，特定の固定資産を非課税とする制度があり，また固定資産評価額と課税標準の算定には各種の特例措置があって，評価額は減額され課税標準は縮小する。さらに地価高騰の際に，租税支払額の急上昇を緩和させるために負担調整措置が実施されて，資産評価額が引き下げられた。したがって，資産の価格（たとえば市場価格）に税率をかけて単純に税額が計算できるわけではないし，算出された税額の減額措置もある[4]。

　税率は，標準税率が100分の1.4である。制限税率（100分の2.1）が設定されていたが，2004（平成16）年度から廃止された。

　なお，固定資産税にも金額は小さいが免税点がある。課税標準の特例や負

2）東京都23区や大規模な償却資産の一定額以上については，都道府県が課税する。納税義務者は固定資産の所有者である。

3）土地とは，田，畑，宅地，塩田，鉱泉地，池沼，山林，牧場，原野その他の土地をいい，家屋とは，住家，店舗，工場（発電所および変電所を含む），倉庫その他の建物である。償却資産とは，土地および家屋以外の，事業の用に供することができる資産であるが，自動車および軽自動車は除外される。

4）非課税としては，国あるいは地方公共団体，宗教法人，社会福祉法人などの人的非課税，道路，運河用地，国宝，重要文化財等の物的非課税がある。課税標準の軽減特例は鉄道業など各種産業施設に認められている。また，算出された税額自体を引き下げることも行われている（例えば，面積基準があるが，新築住宅は最初の3年間は税額が2分の1になる）。

担調整措置を適用した後の評価額が，土地：30万円，家屋：20万円，償却資産：150万円までは課税されない。以上の固定資産税の納税額に至る過程を，あえて図式化すれば次のようになる。

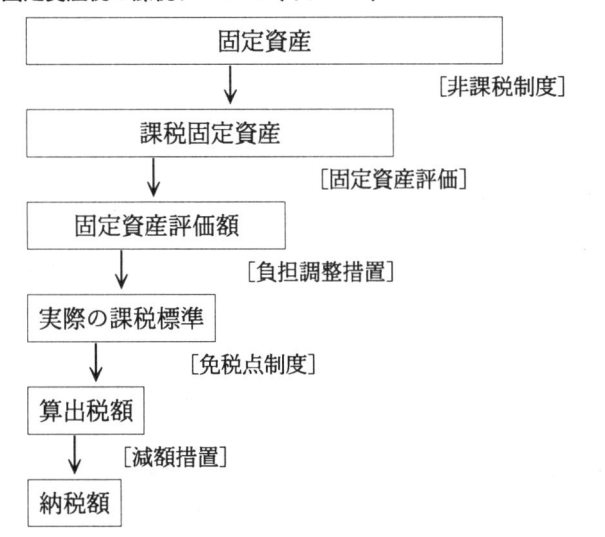

図6－1　固定資産税の課税プロセス（イメージ）

```
        固定資産
           ↓            ［非課税制度］
        課税固定資産
           ↓            ［固定資産評価］
        固定資産評価額
           ↓            ［負担調整措置］
        実際の課税標準
           ↓            ［免税点制度］
        算出税額
           ↓            ［減額措置］
        納税額
```

2－2　固定資産評価

　課税の公平性を確保するには，固定資産の評価に偏りがあってはならない。このため総務大臣が決定する固定資産評価基準があり，固定資産の評価および価格決定の基準となっている。固定資産を評価するのは固定資産評価員であり，この評価をもとに固定資産価格を決定するのは市町村長である。評価基準によらない決定は，評価額が高すぎても低すぎても違法である。資産ごとの評価方法の概要は次のとおりである。

　土地
　土地は売買実例価格によって評価される。具体的には，地価公示価格，都道府県地価調査価格，不動産鑑定士（または鑑定士補）の鑑定評価を基準に，

その7割を目途に評価される。市街地的な形態を形成している宅地の評価は，次のように行なわれる。

　用途地区（商業地区，住宅地区，工業地区等）の区分→用途地区ごとに標準宅地選定→地価公示価格等の7割を目途に適正な時価を決定→標準宅地に沿接する街路に路線価を付設→路線価を基礎に各筆の宅地に評点数を付設→評点1点あたりの価額を乗じる＝評価額。

　市街地的な形態を形成していない宅地の場合には，状況が類似している地区ごとに区分して，標準宅地を選定し同様に評価する。こうした措置は評価の統一および均衡，ひいては課税の公平性を維持するためであるが，制度として複雑であることは否定できない。

　住宅用地についてみると，まず1994（平成6）年度以降，地価公示価格等の7割を目途に評価額が決定されてきたが，さらに特例措置によって，一般住宅用地の課税標準を評価額の3分の1（小規模住宅の場合は6分の1）に引き下げ，次いで，この課税標準額が前年度課税標準額と新評価額の比率（負担水準）に応じて調整されている。負担の均衡化を図るこの調整措置は，商業用地についても実施されている[5]。

家屋

　家屋の評価は再建築価格を基準とする。ただし，年月の経過による建物の損耗を考慮して，再建築費は減点補正される。つまり，建設時から年月を経るにしたがって評価額は低下する。また，建築物価が下落しているときには建築費が下がるから，一般的に評価額は低下することになる。

　5）負担調整措置は1960年代半ばの地価上昇期にも行われた。その主な目的は税額の上昇それ自体を一定限度内に抑えることである。調整措置によって税収入の上昇が抑制されると同時に，近年の負担調整では高水準の負担が抑制され，低水準の負担は引き上げられるので，税収入の地域間格差が縮小すると考えられる。

再建築価格による評価では，物価上昇期に建築費が上昇して，その増加分が経年減価分を上回ると，差し引きで評価額が上昇し税額が上昇する。しかし，古くなった家に前より高い固定資産税がかかるのでは納税者は納得せず，評価額が据え置かれたという経緯がある。建築費が下落したときには評価額は引き下げられることになる。

償却資産

償却資産の評価は取得価額を基準に行われる。取得時の価額が基準になるが，経過年数および減価償却に応じた減価を考慮して価格が決定される。ただし，課税客体としての償却資産を把握しなければならないから，圧縮記帳や特別償却・割増償却などによる資産価額の減額は，課税評価には認められていない。

産業政策などとの関連もあって，償却資産には非課税措置や多くの特例措置があり，課税標準が減額されて税負担は軽減されている[6]。償却資産にかかる固定資産税の収入は，土地や家屋に比較すると地域格差が大きい。償却資産に関する負担軽減の特例措置は，地域間の税収入格差を縮小させる方向で働いていることになる。負担軽減措置がなければ，税収入の格差は拡大するであろう。

6）特定産業たとえば海運や鉄道，公益法人などの固定資産税負担が不当に少ないかどうかには議論がある。税負担が転嫁されているとすれば，軽減措置の利益は当該産業の生産物の消費者にも及ぶから，公平性からの判断は難しい。

3 市町村財政における固定資産税

3-1 市町村の歳入と固定資産税

固定資産税の収入を2006（平成18）年度決算額（純計額）によってみておこう。まず市町村の歳入全体をみると（表6－1上側），主な収入は地方税，地方交付税，国庫支出金および都道府県支出金，そして地方債収入である。地方税収入は1997（平成9）年度の19.3兆円がピークで，その後は減少傾向にある。国・県からの補助金や地方債収入も，経済の停滞や地方財政改革の影響もあって，歳入全体を支えるほどには伸びなかった。

市町村の税収入の中心は市町村民税と固定資産税である。この2つの税の合計で税収全体の87％前後になる（表6－1下側）。固定資産税のなかでは土地と家屋にかかる税が多く，固定資産税収入の80％程度を占めている。なお交付金・納付金は，国や地方公共団体が行なう収益的な事業用の固定資産にかかる交付金と日本郵政公社の固定資産にかかる納付金である。

3-2 固定資産税収入の長期的な動向

次の図6－2によって長期的な動きをみると，1950年代半ばの不況時に市町村民税とくに法人税割の収入が落ち込んだため，固定資産税の市町村税収入全体に占める割合は47％に達し，歳入合計に占める割合も23％を超えた。固定資産税が市町村財政を支えたのである。

その後，経済成長とともに市町村民税も補助金収入も増加して固定資産税の比重は低下する。しかし，1980年代の後半から日本経済が長期的な不況に入り込んで所得の成長が鈍化するなかで，市町村税収に占める割合が増加し始める。すなわち，所得関連の税収入の不調を固定資産税が補っている。

固定資産税の収入金額はときに大きく変動している。特に1960年代末から70年代にかけて，地価高騰の影響を受けて大きく変化した。しかし，固定資産税以外の主な市町村税に比べると，負担軽減措置などの制度変更の効果も

第6章 固定資産税

表6-1 市町村の歳入と市町村税の構成

億円, %

〈市町村の歳入構成〉 区 分	1997（平成9）年度 金額	構成比	2001（平成13）年度 金額	構成比	2006（平成18）年度 金額	構成比
地方税	192,829	36.5	181,425	34.3	181,610	36.8
地方譲与税	6,860	1.3	4,910	0.9	13,699	2.8
地方特例交付金	−	−	6,668	1.3	5,350	1.1
地方交付税	83,505	15.8	92,745	17.5	73,730	14.9
国庫支出金	47,692	9.0	48,800	9.2	49,270	10.0
都道府県支出金	25,474	4.8	23,289	4.4	21,836	4.4
地方債	64,801	12.3	53,563	10.1	42,972	8.7
その他	106,692	20.2	117,981	22.3	85,180	17.3
歳入合計	527,854	100.0	529,381	100.0	493,619	100.0

億円, %

〈市町村税の構成〉 区 分	1997（平成9）年度 金額	構成比	2001（平成13）年度 金額	構成比	2006（平成18）年度 金額	構成比
市町村民税	97,042	45.8	81,846	40.9	90,744	45.0
固定資産税	88,220	41.6	91,532	45.7	85,719	42.5
純固定資産税	87,525	41.3	90,651	45.3	84,651	41.9
土地	37,052	17.5	37,267	18.6	33,947	16.8
家屋	33,242	15.7	36,206	18.1	34,664	17.2
償却資産	17,230	8.1	17,179	8.6	16,039	7.9
交付金・納付金	695	0.3	881	0.4	1,069	0.5
軽自動車税	1,131	0.5	1,302	0.7	1,573	0.8
市町村たばこ税	7,990	3.8	8,509	4.3	8,620	4.3
都市計画税(目的税)	13,257	6.3	13,202	6.6	11,818	5.9
その他	4,437	2.1	3,795	1.9	3,344	1.7
市町村税合計	212,077	100.0	200,185	100.0	201,819	100.0

注) 市町村税の収入額は，東京都が徴収した市町村税相当額を加算した金額である。
資料：総務省編『地方財政白書』各年版。

あって比較的安定している。もちろん，収入の安定性は課税対象（土地，家屋，償却資産）によって異なり，家屋が最も安定的である[7]。

　近年の固定資産税収入は，地価や家屋建設費の動向を反映して伸び悩んでいる（図6-2参照）。課税標準を計算するための固定資産の価格評価は3年ごとに行われるが，その度に評価額が低下し，したがって税収入も低下して

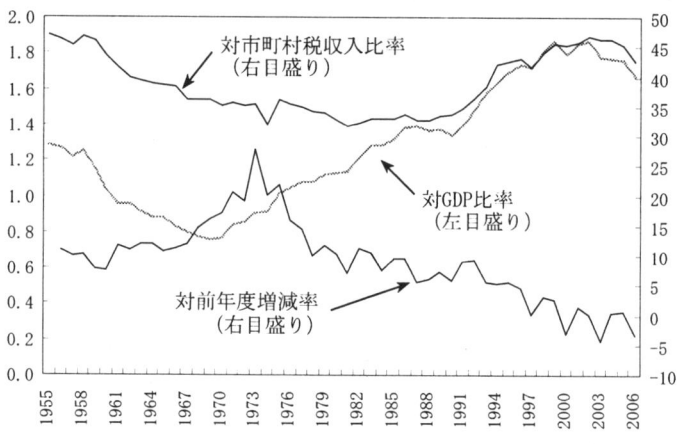

図6-2　固定資産税収入の長期的動向（%）

（グラフ：対市町村税収入比率（右目盛り）、対GDP比率（左目盛り）、対前年度増減率（右目盛り）、1955～2006年）

資料：『地方税に関する参考計数資料』各年度版。

いる。評価年度の次の年度にはまた新たな住宅が建設されるから税収はいくらか増えるが，増加率それ自体はほとんどゼロに近い。1990年代に高まった固定資産税の税収入としての重要性は，近年いくぶん低下している。

国民総生産に対する固定資産税収入の割合も，1970年代からはほぼ一貫して上昇してきたが，2000年代に入ってから低下している。このことは固定資産税の応益税としての性格に疑問を投げかけるものである。地方財政支出による受益の大きさに応じて税負担が配分されるとすれば，少なくとも民間の

---

7) 1956（昭和31）～2006（平成18）年度について，税収入の対前年度増減率の変動係数（各年度の増減率の標準偏差÷増減率の平均値）は以下のとおりである。変動係数が小さいほど安定的であることを示している。

市町村歳入合計	0.782	土　地	1.104
市町村民税	0.709	家　屋	0.432
固定資産税	0.629	償却資産	0.649

この税収入の変化には，負担調整など制度変更の効果が含まれている。固定資産税収入の安定性が，その結果として実現している側面もあることは無視できない。

財・サービス生産額（＝支出額）の一定割合が税負担額として位置付けられて良いはずであるが，そうはなっていない。

3-3　市町村の人口規模と固定資産税

　市町村ごとに経済・産業構造は異なるから，課税対象の量も異なる。固定資産税の重要性は市町村ごとに異なるが，全体的な傾向としては人口規模の小さい町村において固定資産税はより重要な収入となっている。

　人口規模の小さい町村では，相対的に土地の価格が低い。産業は一次産業の比重が高く，土地利用も農業等の一次産業が多いから，課税標準の特例による軽減も作用する。また，家屋の建設費用は相対的に低い。したがって，土地，家屋にかかる固定資産税収入も低い。しかし，そうした地域ではときに大規模な企業の立地や電源開発などが行われる。そこで償却資産が急増すれば，固定資産税収入が大きく増えることもある。

　市町村税を人口規模で区分してみたものが表6-2である。市町村の税収入合計は人口1人当たり額でみると，人口数が増えると増加する傾向にある。地域内部に産業集積が進み居住者の経済力が高くなって，その過程で人口が増加するから，これは自然な成り行きである。

表6-2　人口規模別の地方税収入状況（平成18年度決算）

（千円，％）

区　分	地方税合計	固定資産税	税収構成比	市町村民税	税収構成比
大都市（人口要件50万人以上）	190.9	74.9	39.2	87.2	45.7
中核市（同30万人以上）	150.0	62.6	41.7	65.9	43.9
特例市（同20万人以上）	148.1	62.8	42.4	66.5	44.9
中都市（人口10万人以上）	143.3	62.0	43.3	64.7	45.2
小都市（人口10万人未満）	121.6	59.3	48.8	48.8	40.1
町村Ⅰ（人口1万人以上）	114.1	58.5	51.3	45.2	39.6
町村Ⅱ（人口1万人未満）	114.2	68.0	59.5	36.1	31.6
市町村合計	145.3	63.8	43.9	63.1	43.4

資料：総務省編『地方財政白書』（平成20年版）。

所得課税である市町村民税は，人口規模とともに税収入が増えている。大都市が87,200円で，小規模な町村では36,100円である。

　しかし，固定資産税は必ずしもそうではなく，小規模町村でも1人当たり額が大きい場合がある。そのうえ，市町村の税収入合計に占める固定資産税の割合は，人口規模が小さいほど大きいという関係になっている。税収構成比は39.2％から59.5％まで上昇する。すなわち，小規模団体では地方税収入の歳入構成比は小さいが，その地方税収入の多くが固定資産税である。

　小規模な町村では安定的な一般・経常・自主財源として，また財政の意思決定の基盤として，固定資産税の重要性が高いのである。大規模な産業開発とその波及効果あるいは住宅団地等の開発を，地元が希求するのも当然であろう。

　しかし，固定資産税のうち事業用の家屋および償却資産にかかる税に関しては，その収入を受け取る地域はよいとしても，その負担が最終的に帰着する地域（あるいは全国的）には問題がある。この点は，固定資産税の負担の帰着を整理した後でもう一度考察しよう。

4　固定資産税の負担と帰着

4－1　土地

　固定資産税は直接税に分類されることが多いが，実際には転嫁する可能性がある。ここでは，固定資産税の負担と帰着について，理論的な分析を手短に紹介しておくことにしよう。まず最初に，土地にかかる固定資産税から始める。

　次の図6－3の横軸は土地の量を測る。市町村の区域内の土地供給量 Q_0 は，短期では一定であるとすると，垂直な S 線が短期の土地供給曲線である。縦軸は土地の面積当たりの地代（利用料）を測っている。右下がりの曲線 D_0 は土地に対する需要曲線で，その高さは土地から得られる土地利用者の収益を示しているが，同時に土地供給者の地代収入でもある。

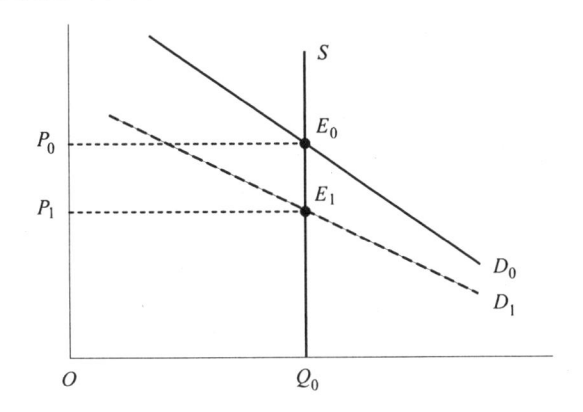

図6-3 固定資産税の負担：土地

固定資産税の課税前には，この市町村ではQ_0の土地が利用され，利用者はP_0の地代を払い，供給者（地主）は同じ金額を受け取る。さて，固定資産税が土地所有者に課税されるとどうなるであろうか。

課税されたからといって，土地所有者が土地供給をやめてしまえば収入は無くなるから，市場から退出する理由は無い。つまり供給曲線は変化しない。他方，土地利用者の収益自体も課税によって変わらないから，利用者の需要曲線も変化しない。すなわち，土地の供給量も利用量も変わらない。ただし，地主の税引き後の地代がP_0からP_1へ税額だけ減少する。需要曲線のD_1へのシフトは，土地供給者にとっての課税後収益の減少を示している（こうした課税による効果については，本章の補論を参照されたい）。

土地の利用量Q_0が資源配分の効率性から望ましいとすれば，土地にかかる固定資産税はその資源配分に対して中立的で，市場メカニズムに対する攪乱要因にはならないから，効率性の租税原則に適合する。また，負担が地主に帰着するとすれば，そして地主の所得は概して大きいとすれば，負担は所得に対して累進的で再分配に役立つから，公平性の原則にも適合する。なお，この分析は，資産の供給量が変化しないとすれば，家屋や償却資産にも同じように当てはまる。

4-2 家屋

家屋および建築物の場合には、経済効果がいくらか複雑になる。賃貸住宅を例にして考えよう。次の図6-4は、横軸に住宅の数量（面積）、縦軸に賃貸価格を測る。図の D は住宅の需要曲線で、S_0 が供給曲線である。供給曲線は右上がりで、賃貸料が上がると供給量が増えると仮定している。このとき賃貸住宅市場の均衡点は E_0 で、需要・供給量は H_0、賃貸価格（賃借人の支払う賃貸料＝賃貸人の収益）は P_0 になる。

ここで固定資産税が供給者（賃貸人）に賦課されると、課税による供給費用の増加を反映して、供給曲線は上方の S_1 へシフトする。そこで、課税後の均衡点は E_1 へシフトし、賃貸価格は P_1 へ上昇、供給者の税引き後収益は P_2 に低下する。供給量および消費量は H_1 へ減少する。

図6-4　固定資産税の負担：家屋

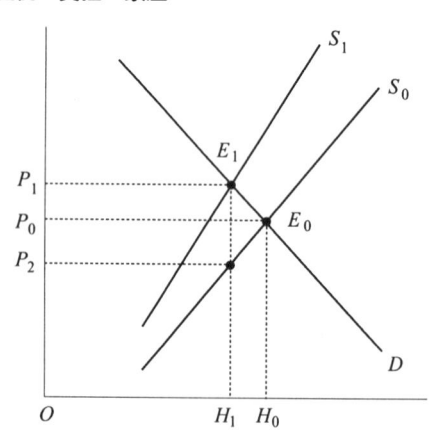

賃貸住宅の場合、住宅の借り手が支払う賃貸価格は、住宅サービスという消費財の購入費用である。固定資産税は、供給者の収益を減少させる（$P_0 \to P_2$）と同時に、住宅サービスの消費者の費用を増加させる（$P_0 \to P_1$）のである。すなわち、税負担の一部は消費者へ転嫁すると考えなければならな

い。なお，自分で住宅を所有している場合には，住宅サービスを自ら供給し消費するとみればよい。考え方は同じであるが，この場合には住宅所有者が税の全額を負担することになる。

建物等が事業用の資産である場合には，課税によって，資産供給量が変化するかぎり，以上の推論が同じように当てはまる。建物等を生産要素として利用する消費財生産者は，その資本供給コストの増加を，製品価格に上乗せすることができるかも知れない。そのときには，固定資産税の負担（の少なくとも一部）が製品の消費者に転嫁される可能性が生じると考えなければならない。こうした点は，分析の期間を長期に設定して，節を改めてさらに検討しよう。

4-3 長期における資本

固定資産税が全国一律に同じ負担率で課税されていれば，その効果は上でみたようになる。日本においては，税率は全国でほぼ同じであるが，資産評価が多少は異なるから負担率は異なる。この場合，1つの市町村だけでなく，隣接する市町村を含めて全国を同時に考えると，上とは異なる結果を予測できる。最後に，家屋や工場などの源泉になる資本一般を取りあげて，この点を検討しよう。

議論を単純化するため，長期において資本供給が完全に弾力的である極端なケースを取りあげる。次の図 6-5 の LS は資本の供給曲線である。ある地域 A（図の左側）で固定資産税が課税されると，需要曲線が DA_0 から DA_1 へ下方シフトするのは前のケースと同じである。課税後の収益率は P_0 から P_1 へ低下する。ここで，資本は地域間を移動できるから，地域 A の資本の一部は収益率の高い地域 B（図の右側）へ流出する。

資本の流出量が CA_0CA_1 であるとすると，地域 A では税引き前の収益率は P_0 から P_3 へ上昇する。税引き後の収益率は P_2 になる。地域 B では資本量が増加して，収益率は P_0 から P_2 へ下がる。市場が完全であれば，資本移動は両地域の（税引き後）収益率が等しくなるまで続くと考えられる。税

図6-5　固定資産税の負担：資本

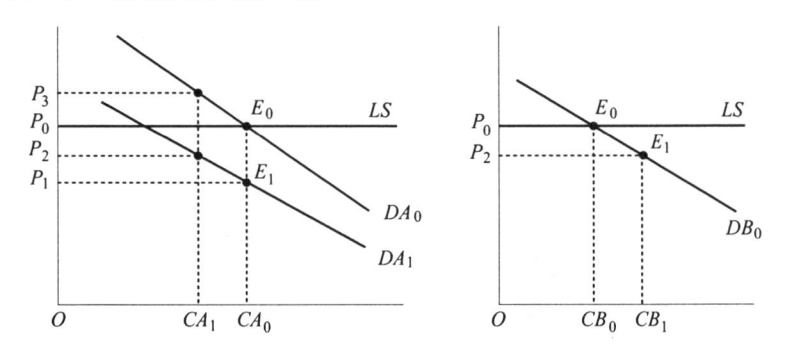

負担に関して重要なことは，両方の地域で収益率が低下していることである。つまり，固定資産税の負担は，この場合にも資本の所有者に少なくとも一部分は帰着するのである[8]。

固定資産税を課税していない地域Bにおいても，長期的には資本収益率が低下することに注意する必要がある。課税しないにもかかわらず，あたかも全国平均的な課税が行われたように，非課税地域でも収益率が減少し，その意味で負担が生じる。ただし，こうした事態が生じるかどうかは，資本市場が完全であるその度合いに依存する。もちろん，課税地域Aでは資本の収益率，したがって資本コストは比較的に高く，全国的な平均的効果を超える分は利用者に転嫁される。

固定資産税の経済効果は，地域の産業構造，資本の需要と供給，さらには地域の経済・市場の大きさによっても異なると考えなければならず，実態の個別分析が必要である。

8）しかし，同時に労働にも影響が及ぶことを考慮しなければならない。資本が減少する地域では，労働の生産性が低下し賃金が下がる可能性がある。賃金が低下すれば，租税負担が間接的に労働に転嫁していると言うことである。逆に資本が増加する地域では，生産性の上昇と賃金の上昇が生じる可能性がある。この地域では租税利益が生じる。したがって，課税地域Aから非課税地域Bへ所得移転が生じると考えることもできる。

4 − 4　固定資産税の負担水準

最後に，固定資産税の負担状況を近年のデータによって確認しておこう。

次の表6 − 3は，課税対象ごとの平成18年度における負担状況を推計したものである。土地をみると，わが国の土地資産額は約1,228兆円で，この資産額の56.3％，約691兆円が固定資産税の評価額となっている。課税標準となるのは約246兆円，評価額の35.6％である。課税標準額に賦課された固定資産税額は約3.4兆円になり，この税負担額は課税標準額の1.38％にあたる。税負担額は土地資産額の0.28％である。

表6 − 3　固定資産税の負担：平成18年度

億円，％

区　分	(1) 資産額	(2) 評価額 ＝決定価格	(3) 課税標準額	(4) 税負担額
土　地	12,281,250	6,911,556	2,457,761	33,947
(a) 資産額	100.00			
(b) 評価額	56.28	100.00		
(c) 課税標準額	20.01	35.56	100.00	
(d) 税負担額	0.28	0.49	1.38	100.00
家　屋	5,020,457	2,604,487	2,599,703	34,664
(a) 資産額	100.00			
(b) 評価額	51.88	100.00		
(c) 課税標準額	51.78	99.82	100.00	
(d) 税負担額	0.69	1.33	1.33	100.00
償却資産	6,680,532	1,233,024	1,152,367	16,039
(a) 資産額	100.00			
(b) 評価額	18.46	100.00		
(c) 課税標準額	17.25	93.46	100.00	
(d) 税負担額	0.24	1.30	1.39	100.00
合　計	23,982,239	10,749,067	6,209,831	84,651
(a) 資産額	100.00			
(b) 評価額	44.82	100.00		
(c) 課税標準額	25.89	57.77	100.00	
(d) 税負担額	0.35	0.79	1.36	100.00

本表の (a) 〜 (d) の数値は，表側各項目の，表頭の数値 (1) 〜 (4) に対する比率である。
注）課税標準は法定免税点以上の課税標準額である。土地資産額は『国民経済計算年報』の土地，家屋は住宅と住宅以外の建物，償却資産は住宅その他の建物以外の構築物，その他の機械・設備で，固定資産合計は以上の合計額である。税収入額は純固定資産税の金額のみで交・納付金の収入額は除外している。
資料：『国民経済計算年報』，『固定資産の価格等の概要調書』，『地方財政白書』。

同様に、家屋にかかる固定資産税負担は約3.5兆円、この負担額は課税標準額の1.3％で、家屋資産額に対しては0.69％になる。償却資産の税負担は約1.6兆円で、課税標準の1.39％、償却資産額の0.24％になる。償却資産の場合には、資産額から評価額を算出する過程での減少がきわめて大きいが[9]、最終的な税負担額の資産額に対する割合では、土地と大差がない。

固定資産税の負担に関しては、各資産の内部における負担の差、たとえば同じ土地であっても、農業用地、工業・商業用地、住宅用地といった用途別の負担格差をどうするかという問題がある。産業政策や経済政策の要請に応えるために、非課税措置や課税標準の特例が設けられて、結果として税負担格差が生じている[10]。産業間および地域間における資本の効率的配分を考慮するかぎり、負担の格差は縮小させる努力が必要とされよう。

既に述べたように、固定資産税は土地を除けば転嫁する可能性が高い。そのうえ、制度が複雑化しているために、負担の最終的な帰着が不明瞭になりがちである。しかし、第1章で租税構造を論じた際に述べたように、国際的に比較する限り、わが国の固定資産税はまだ拡充する余地があるとも言える。その際には、制度を単純化させることに加えて、各資産の内部における用途別の税負担率の格差を縮小させることも是非必要である。

9）免税点制度や非課税制度の影響と思われるが、明確な数量は把握できない。
10）土地を例にとると、課税標準額が評価額（＝決定価格）に占める割合は土地全体では35.6％である（表6－3参照）が、小規模住宅用宅地は14.4％である。これは住宅供給の促進という政策目的によるが、小規模な宅地の過剰な開発を助長するという批判もあり得る。また、償却資産全体では同じ比率が93.5％であるのに対して、船舶は57.2％であり、機械及び装置が97.8％である。評価額それ自体の決定をさらに詳しくみなければならないが、産業間したがって地域間に負担格差が生じるのは避けられない。

5 結　語

　固定資産税は，地方税とりわけ市町村税として優れていると考えられてきた。実際に，市町村の中心的な税源となっていることは既にみたとおりである。

　地方税の条件として，一般的に，①収入が十分で普遍性があること，②安定性があること，③伸張性があること，④伸縮性があること，⑤負担分任性があること，⑥地方団体の行政または施設と関連性があること（応益性）などが挙げられている。固定資産税は主に①，②，⑥の点で適切であると言われることがある[11]。

　しかし，これまで検討してきたように，固定資産税の制度それ自体が，十分性や普遍性，安定性，応益性を十分に満たしているわけではない。むしろ，制度を運用する側のいわば慎重な制度変更と運用が，地方税としての適性を維持させてきたという側面が大きいように思われる。

　課税地域以外の地域へ負担が転嫁しないことを含めて，市町村税としての適性を高めるように検討をすすめる必要がある。市町村財政の意思決定における重要な要素として，負担を認識しやすいその特性を活かして，さらに機能させるべき税であると考えられる。

---

11) 地方税の条件はさまざまに検討されてきている。地方財務協会編（2008）のほかに，橋本徹（2001）が分かり易く参考になる。

補論：租税の資本化 (tax capitalization)

　租税の資本化（または資本還元）とは，課税によって資産価値が減少することである。本文129頁以下に述べたように，資産税の課税によって資産の収益率が低下するが，その結果，課税された資産の価値も低下する。この補論では，土地を資産の例にとって租税の資本化を考えよう。

　ある面積の土地を貸して100万円の賃貸料（＝収益）が得られる場合，この土地の資産価値はいくらだろうか。この同じ土地を，費用なしで現金化することができれば，その現金を誰かに貸すことができる。現金を貸した利子が100万円であるとすると，その100万円は，元金 V をある利子率 r で貸したときの収益ということである。すなわち，収益 Y は，

(1)　　$Y = rV$

である。この式の両辺を利子率 r で割れば，元金の大きさは，次の（2）式のように示される。

(2)　　$V = \dfrac{Y}{r}$

収益が100万円で利子率が5％（＝0.05）のときには，元金は，

$$\dfrac{100}{0.05} = 2{,}000$$

であるから，この資産の価値は2,000万円である。

　土地を現金化せずに土地として貸して，利子ではなく賃貸料を得るというのは，形式は違うが，資産運用で収益を得ることに変わりはない。したがって，土地の資産価値も同じように，収益と利子率で計算できる。こうして計算する土地の資産価値を，収益還元価値と呼んでいる。資産を評価する合理的な方法ではあるが，経済変動に応じて評価が変動するという難点もある。

　さて，この資産に租税が賦課されると，資産価値はどうなるであろうか。租税が資産の市場価値に税率 t で課税されるとすると，税引き後の収益 Y_T

は、税額分 tV_T だけ減少する。そこで、課税後の資産価値 V_T の計算式は、課税後の収益（$Y_T = Y - tV_T$）を利子率で割った次の（3）式になる。

（3） $V_T = \dfrac{Y_T}{r} = \dfrac{Y - tV_T}{r}$

これが資産課税の資本化を示す計算式である。

（3）式を V_T について解くと、次の（4）式を得る[注]。

（4） $V_T = \dfrac{Y}{r+t}$

すなわち、課税後の資産価値は、課税前の収益を利子率と税率の合計で割った数値になる。

前と同じように、収益が100万円で利子率が5％（=0.05）、そして資産に対する税率が5％（=0.05）ならば、資産価値は、

$$\dfrac{100}{0.05 + 0.05} = \dfrac{100}{0.1} = 1,000$$

と計算できる。5％の課税によって資産価値は半減する。

こうした、課税による資産価値の減少が租税の資本化という現象である。課税された資産の売買価格は、収益率の低下に応じて低下することになる。

注）計算の経過は次のようになる。

$V_T = \dfrac{Y - tV_T}{r}$

$rV_T = Y - tV_T$

$(r+t)V_T = Y$

$V_T = \dfrac{Y}{r+t}$

第7章　市場経済のメカニズム

1 はじめに

　租税を賦課する主な理由は，公共政策に必要な財源の確保にある。しかし同時に，租税の賦課にはさまざまな経済効果がある。その経済効果が，経済社会のさまざまな問題の解決に役立つと考えられる。

　問題の解決には誰かの行動を変化させる必要があるが，増税あるいは減税はあからさまな強制とは異なり，個人の自由な意思を尊重する市場経済では妥当な手段である。家計や企業の経済行動を禁止あるいは規制するのではなく，変更させる誘因（インセンティブ）を政策手段として組み込もうとしているのであり，その具体的な方法が租税ということになる。

　これまでの各章における租税とその経済効果についての議論は，主に市場経済の参加者——家計と企業——を分析するミクロ経済学の理論を基礎にしている。ミクロ経済理論の関連部分を理解することで，租税政策の理解は，その限界を知ることを含めて深まるはずである。

　以下，この章と次の章でミクロ経済学の基礎的な議論を整理しておくことにする。

2 経済循環と市場経済

2-1 財・サービス市場

　市場に参加する経済主体は，家計，企業，政府の3つである。しばらく政府を無視すると，家計と企業は次の図7-1に示されるように，生産物（財およびサービス）市場と生産要素市場という2つの市場で相互に経済的に関係している。

図7−1 経済循環

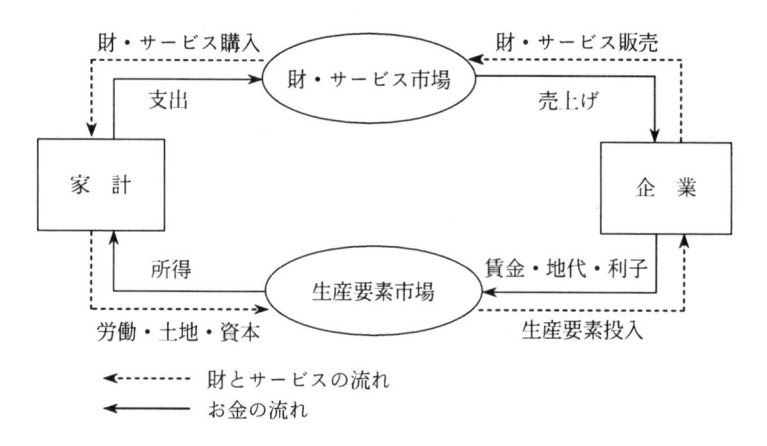

```
     財・サービス購入              財・サービス販売
  ┌─────────→ ┌財・サービス市場┐ ←─────────┐
  │      支出                              売上げ      │
┌─┴─┐                                              ┌─┴─┐
│家 計│                                              │企 業│
└─┬─┘                                              └─┬─┘
  │      所得                          賃金・地代・利子  │
  └─────────→ ┌ 生産要素市場 ┐ ←─────────┘
     労働・土地・資本              生産要素投入
```

◀┄┄┄┄ 財とサービスの流れ
◀──── お金の流れ

　まず財市場では，生産物を生産し販売するのは企業で，生産された財を購入するのは家計である。家計は生産物を購入するために代金を支払うが，これが消費である。生産物を販売する企業は売上げ（収益）を手にする。企業が生産物を生産して市場に供給するのは，主に利潤を得るためである。家計が生産物を購入するのにはいろいろな理由があるが，経済学では一括して効用の獲得のためであると言うことが多い。

　こうして，企業も家計もそれぞれの動機に基づいて，いわば自発的に市場に生産物を供給し，生産物を需要するのである。ここで基本的な消費財について自発性だけを強調するのは恐らく間違っている。むしろ必要性によるというべき財やサービスがある。また，企業の利潤獲得という動機にも一定の留保が必要である。当面の目標が利潤ではなく販売額の増加であることも，特に珍しいことではない。

　ところで，現実の経済では企業と企業の間で財・サービスが取引されている。しかし，企業が財・サービスを購入するのは，最終的な生産物を生産するためであって，購入した財・サービスをそのまま市場に供給するのではないので，ここでは省略している。また，卸売業や小売業の活動も「企業」の内部にあるものと単純化されることが多い。さらに，家計同士の取引もある

が今のところは無視してもよい規模である。

2-2　生産要素市場

　家計と企業は生産要素市場でも相互に関連している。企業は生産活動を行なうために，各種の生産要素を生産要素市場で購入しなければならない。ここで生産要素とは，最も基本的には労働，土地，資本である。

　土地には各種の自然資源が含まれている。資本には生産された生産手段，過去の生産活動が生み出した財のストックが含まれる。また，情報や経営資源などを以上の3つとは別の生産要素として挙げる場合もある。こうした生産要素の所有者は，基本的には家計である（実際には企業が所有している場合もあるし，政府が所有している場合もある）。

　企業は生産要素を投入して生産活動を行なうために，まず家計から各種生産要素を購入し，その代金を支払わなければならない。この代金が生産要素の報酬に外ならず，具体的には賃金，地代，利子という形をとる。つまり，家計は所有している各種生産要素を生産要素市場で提供し，その見返りとして報酬を得るわけである。家計の得たこの報酬は所得であり，この所得は家計が財・サービスを購入するための，つまり消費や投資の資金になる。

2-3　経済循環

　このように，経済主体である家計と企業は，財・サービス市場と生産要素市場で相互に自発的に取引を行なっている。この取引にしたがって財・サービス（生産物）と貨幣（お金）は経済のなかを循環する。

　図7-1の経済循環図には，現代経済システムで2つの取引と4つの経済活動が行われていることが示されている。2つの取引とは財・サービスの取引と生産要素の取引である。4つの活動は，①家計による財・サービスの購入と支払い，②企業による財・サービスの販売と収益の受取り，③家計による生産要素の販売と所得の受取り，④企業による生産要素の雇用と賃金等の支払いである。

市場経済における経済主体は，要するに次の活動を行なう。家計は生産要素を提供して生産活動に参加し，生産の成果を所得として獲得して，その所得を支出して効用を得る。企業は生産要素を雇用し生産活動を行ない，賃金等を支払って，生産物を販売して販売収益を得る。経済主体による以上のような諸活動は市場を通じて，基本的に自由な意思によって行われている。

経済循環の中心となる2つの市場では，売りと買いの2つの力が働いている。家計は生産要素を売り，財・サービスを買う。企業は財・サービスを売り，生産要素を買う。ごく一般的に言えば，この売りが供給で買いが需要である。市場は需要と供給が相互に出会う場であり，各経済主体は各市場で供給し需要することによって相互に関連しているのである。

3番目の経済主体である政府は，この経済循環にいわば強制的に入り込んでいる。第1章でみたように，民間の経済主体である家計や企業から，さまざまな租税を強制的に徴収し，行財政システムを通じて財政支出を行なう。本書では，政府の経済活動のうち租税の賦課——その制度と経済効果——について，租税の基本的な経済理論をベースに考察している。

2-4 生産の可能性

経済を分析するには，資源の希少性を理解しておく必要がある。例えば，労働はある時期または時点でみると数量は一定で，無制限に生産に投入することはできない。土地や資本も同様で，いま現在の時点で好きなだけ無限に利用することはできない。他方，人々の欲求は適切に各自が制限すれば別だが，ほとんどの場合に限りがない。つまり，欲求に比べて資源は希少なのである。そこで，何をどれだけ，そしてどのように生産するかという問題が生じる。

何をどれだけという問題は，さらに，生産した財を誰にどれだけ分配するかという問題を派生させる。こうした生産する財の構成（さまざまな財の組合せ），生産方法，財の分配という問題は，資源配分の問題および所得分配の問題と言われる。

ここでは生産される財の組合せについてだけ考えておこう。次の図7－2は2種類の財，例えば衣料 Y と食糧 X の生産可能性を示し，曲線 PF は生産可能性フロンティア（PPF, Production Possibility Frontier）と呼ばれている。

　図の縦軸は Y の生産量を測る。縦軸上の P は，全ての資源を Y の生産に向けたときに実現できる Y の生産量を示している。横軸は X の生産量を測り，F は全資源を X に投入したときの生産量である。2財の生産量の組合せはさまざまで，例えば衣料品が多い A も実現できるし，食糧品が多い B で生産することもできる。

　消費者が希望するだけ何でも生産されればよいのだが，資源は希少だからそうはいかない。もしある財が消費者の望むより多く生産され続ければ，その分は消費されずむだになり，希少な資源が浪費される。消費者が B を好ましいと考えれば，A ではなく B の組合せを生産する方がよい。単純に言ってしまうと，これが効率的な資源配分ということである。消費者の効用ができれば最大化するように，生産も資源をむだ遣いしないように行なうということである。生産面における効率性は生産可能性曲線の上で生産が行われることによって確保され，消費面の効率性は消費者が希望する B 点が実現されることで確保される。

図7－2　生産可能性フロンティア

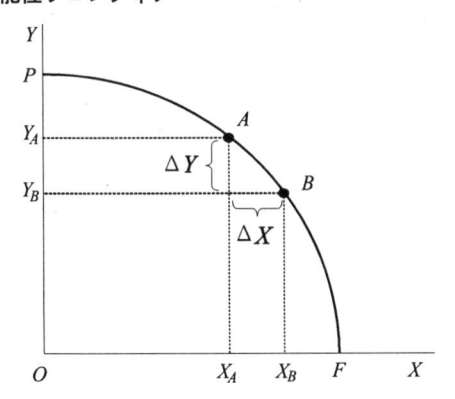

どうすれば効率的資源配分が可能か。各消費者の希望を1人1人調査することは不可能である。価格に反応する需要と供給の相互作用によって，市場のメカニズムは希少資源の効率的な配分を実現することができる。需要が多い財は，多く売れたり価格が高くなったりする。そうした生産物は多く生産されるだろう。こうして，市場における参加者の自発的な行動が，PPF上のAではなくBを実現させる[1]。

次に，需要と供給をもう少し詳しく考察しよう。

3　需要と供給と市場均衡

3－1　需要

次の図7－3はある財の価格と需要の関係を示している。縦軸には財の価格を測り，横軸には数量がとられている。需要曲線 D_A はさまざまな価格とその価格に対応する需要量を示している。価格が P_0 のときは X_0 が購入され，P_1 のときは需要量が増えて X_1 が購入される[2]。価格が低くなれば買い手は増え，価格が高くなれば買い手は減る。需要曲線はほとんどの財について，もちろん例外はあるが，右下がりである。

---

1) ところで，AからBへ移動するとき，Y財の生産量は $Y_A Y_B$ だけ減少しなければならない。その減少は X 財が $X_A X_B$ だけ増加するために必要なことである。言い換えれば，ΔX の増加には ΔY の減少という犠牲が必要である。その意味で，ΔY は ΔX を生産するための費用（機会費用）であると言うことができる。逆の移動つまりBからAへの移動を考えると，ΔX は ΔY を生産するための費用であると言ってよい。

2) 価格が P_1 に下がると，消費者はその価格を支払うが，P_1 より高い価格でも買う者はいたのである。ある財を市場価格以上の価値があると評価する者は，その理由は別として，自発的にその高い金額を支払う用意があるだろう。そうした者は，市場価格を上回る満足（評価）を消費各1単位について感じているはずであり，その評価は需要曲線の横軸からの高さで示されている。

需要曲線について注意すべきは，分析の期間である。例えば，1ヵ月間の需要曲線ではなく1年間の需要曲線を考えるとすれば，各価格における需要量は当然ながら増大する。期間の取り方によって，需要曲線は右にも左にも，大きく移動すると考えなければならない。

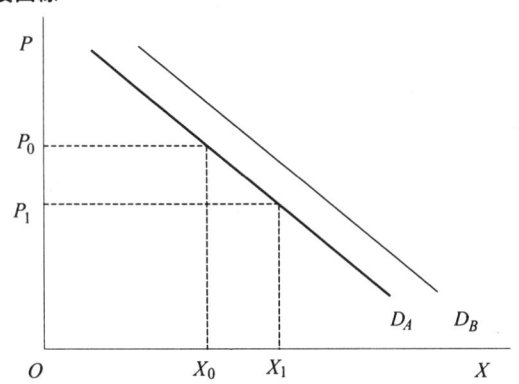

図7－3　需要曲線

需要曲線の位置と形状は，消費者の所得，嗜好（好み），その他の財の価格が変化すると変化する。まず，価格が同じであっても消費者の所得が増えれば，より多く買うことができるから需要は増え，需要曲線は右方向へシフトし D_B になる。逆に，所得が減少すれば左へシフトする。

消費者の嗜好も需要曲線をシフトさせる。健康意識が高まって，以前と同じ価格でも需要量が増えれば，野菜の需要曲線は右へシフトするかも知れない。その他の財の価格も需要曲線を変化させる重要な要素である。紅茶の価格が上昇すれば，コーヒーの需要は増加する可能性がある。紅茶の価格上昇がコーヒーの需要曲線を右へシフトさせる訳である。紅茶の価格上昇によって，砂糖の需要曲線は左へシフトするかも知れない。

これらの要因が一定であるとした上で，需要曲線は描かれている。価格変化による需要曲線上の動きと需要曲線それ自体のシフトを区別することが大切である。

3-2 供給

供給側の基本的な関係は，次の図7-4に示されている。縦軸に価格，横軸に数量を測ったこの図のS_Aが供給曲線である。価格がP_0のとき供給量はX_0である。価格がP_1に上昇すると供給量はX_1に増加する[3]。このように供給曲線は，通常は右上がりの形状になる。

価格が上昇すると，他の条件が一定であれば利益が増える。既に生産していた企業はより多く生産しようとするし，新しい企業が市場に参入することもある。そこで，生産量が増えて供給量が増えることになる。逆に価格が下落する場合には，生産が減少し供給量が減少すると考えてよい。もちろん，価格が上昇しても利益が増えない場合もあり，市場ごとに（つまり財ごとに）詳しい分析が必要であるが，ごく一般的には図のような供給曲線を想定することができる。

図7-4　供給曲線

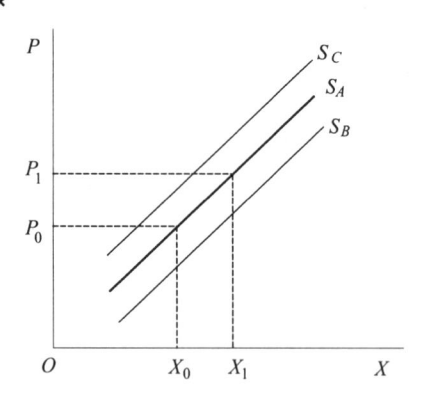

3）供給曲線の横軸からの高さは，生産物を1単位だけ追加して生産する費用（限界費用）の大きさである。生産量X_0を生産するその最後の1単位を生産する費用がP_0である。右上がりの供給曲線が示すように，生産量がX_0より少ないとき，生産物1単位による収入（価格）よりも，そのための費用（限界費用）の方が小さい。後にみるように，利潤が生じているのである。

需要曲線と同じように，供給曲線も分析の期間が重要である。どのような財でも，生産企業の1週間の生産能力には限りがあるが，1ヵ月では供給量は4倍になる可能性がある。供給曲線の位置と形状は分析期間の取り方で大きく変化するのである。

供給曲線は，外的な要因を除けば，企業の生産技術と投入財の価格の変化によってシフトする。例えば，生産技術の進歩によって原材料が節約でき，今までよりも安く生産できると，同じ価格でもより多くを供給できる。生産技術の進歩は供給曲線を右へ移動させると考えてよい。ただし，このときの分析期間はある程度長期的なものになる。

投入財の価格の変化も重要である。生産に投入する資源，すなわち労働，資本，土地，エネルギーなどの価格が下落すれば，企業は製品をより安く生産することができる。以前と同じ製品価格でも供給量は増え，供給曲線は右または下方の S_B へ移動する。逆に，投入価格の上昇は供給曲線を左または上方の S_C へシフトさせる要因になる。

価格以外のこうした諸要因が，分析期間を通じて不変であるという保証はないから，十分な注意が必要だが，以上でみたような需要と供給が財・サービス市場で相互に働き，市場は一種の調和を達成すると考えられている。この調和状態が市場均衡である。

3-3 市場均衡とその変化

市場均衡とは，具体的にはある財の需要と供給が一致していることである。

次の図7-5は，図7-3と図7-4を重ねたものである。図示されているように，供給曲線が S で需要曲線が D_0 であるとすると，価格 P_0 で需要量と供給量は一致する。消費者は X_0 を購入し，生産者は同じく X_0 を生産し販売する。この価格 P_0 を均衡価格，取引量 X_0 を均衡数量（均衡取引量）という。需要曲線と供給曲線の交点 E_0 は均衡点と呼ばれている。

価格が均衡価格より高いと供給量が需要量よりも大きくなる。生産企業はその製品の一部が売れず，倉庫には生産した製品が積み残される。こうした

超過供給の状況（需要＜供給）では売りたくても売れない企業（または製品）があるから，価格には下方への圧力が働く。

逆に，価格が均衡価格より低いときには，需要量が供給量よりも大きくなる。市場は品不足で，買いたい人が買えないという状況である。こうした超過需要（供給＜需要）の状況では，買いたい者は高い値をつけるかも知れず，価格には上方への圧力が働く。

図7－5　市場均衡

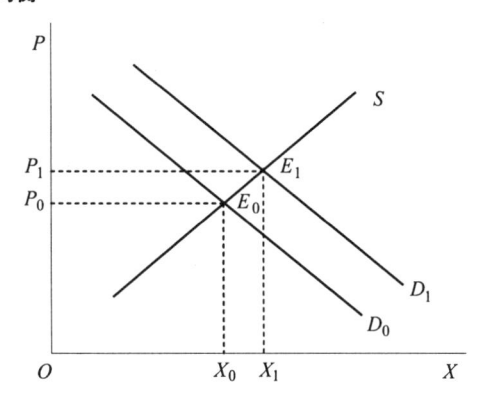

均衡価格の下では超過需要も超過供給も発生しない。したがって，均衡価格と均衡数量はその限りで安定している。もちろん，こうした市場均衡は，時間の経過とともに実際には需要曲線も供給曲線も移動するから，変化するのが当然である。

例えば，消費者の所得が（減税政策などによって）増加したと考えよう。需要曲線は D_0 から D_1 へと右へシフトする。その結果，均衡点は E_1 へ移動し，均衡価格は P_1 へ上昇する。消費・生産量は X_1 へ増加する。これは所得増加の例であるが，市場内外の条件次第では，価格が上昇するにもかかわらず消費量が増加するという事態も生じる。これとは逆に，価格が下落するにもかかわらず消費量が減少することももちろん起こりうる。

3-4 消費者余剰と生産者余剰

最後に，余剰という概念を説明しておこう。市場価格に応じて消費と生産が行われるなかで，消費者には消費者余剰，生産者には生産者余剰が発生している。ここで消費者余剰とは価格を上回る満足（効用）であり，生産者余剰とは生産費を上回る利益のことである。

次の図7-6はX財による例示である。需要曲線がD，供給曲線がS_0であるとすると，均衡点はE_0になる。均衡価格P_0のもとで，消費者はX_0を消費し，生産者は同じくX_0を生産し供給している。

さて，消費者のなかにはこの財の単位当たりの消費を均衡価格よりも高く評価している者がいる。この価格を上回る満足あるいは効用が，消費者余剰に他ならない。図ではAP_0E_0の三角形の面積で示される。消費者が市場価格を支払ったときに，その支払い価格を上回る満足が余剰ということである。消費者の生産物に対する評価は，消費者ごとに異なるから，支払い価格以上の満足を得ている消費者が市場のどこかにいる，とみることが自然である。

図7-6　消費者余剰と生産者余剰

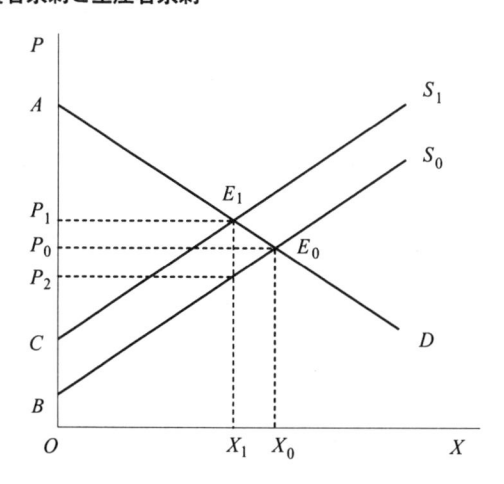

生産者にも同様のことが生じる。生産物1単位ごとの生産費用は供給曲線の高さで示されるから，価格のラインよりも下側で，供給曲線よりも上の部分の面積が生産・販売活動における余剰になる。生産者余剰は，図では三角形 P_0BE_0 の面積になる。価格は生産物1単位当たりの収入であり，供給曲線の高さは生産物1単位を追加して生産する費用であるから，その差額は利潤である。生産者余剰とは企業の利潤に他ならない[4]。市場のどこかに市場価格よりも低い生産費で生産している企業が，少なくとも短期間は存在することがあり得るだろう。

供給曲線だけがシフトしたときの効果を考えてみよう。例えば，原料生産者に賦課された租税によって，原料価格が上昇して供給曲線が上にシフトするような場合である。新しい供給曲線は S_1 で，新しい均衡点は E_1，均衡価格は P_1 へ上昇する。したがって，消費者余剰は AP_1E_1 の面積に減少する。余剰の減少分は $P_1P_0E_0E_1$ の台形の面積になる。

さらに，生産者余剰も減少する。生産者余剰は費用を上回る収入であるから，三角形 P_1CE_1 の面積が原料価格上昇後の生産者余剰である。この三角形を P_2 の価格ラインまで降ろしてみれば，以前に比べて減少しているのは容易に想像できよう。生産者余剰が企業および産業の費用条件に左右されるのは言うまでもない。産業が競争的であるとして，水平の供給曲線を仮定し，余剰分析では特に考慮しないこともある。

一方，消費者余剰は需要曲線が右下がりである限り，価格上昇によって必ず減少する。価格上昇それ自体は日常的に問題にされるが，消費者余剰の減少にまで言及されることは少ない。しかし，重要性は今みたとおりである。

---

4) 個別の企業に生産者余剰が生じるかどうかは，その市場の状況による。完全競争市場においては，個々の企業の供給曲線は市場全体の供給曲線のほんの一部分でしかなく，図に描けばほとんど水平になるから，理論上は生産者余剰すなわち利潤は発生しない。したがって，余剰の分析では消費者余剰が主要な問題となる。

特にここで挙げた例でいえば，原料の生産者に対する課税の効果は，その原料を使って生産物を造る企業の生産・販売活動を通じて，間接的に消費者の満足を減少させる可能性がある。原料価格や製品価格の上昇それ自体だけ，あるいは租税収入の増加だけをみていても経済効果全体を知ることにはならない。

第8章 家計と企業の市場行動

1　はじめに

　前章でみたように，財市場における需要曲線は通常は右下がりで，市場価格が下がれば曲線にそって需要量が増える。所得が増えれば曲線全体が右方向へシフトする。また，供給曲線は右上がりで原材料の価格など生産費用が増えれば曲線全体が上方へシフトする。市場価格が上がれば曲線にそって供給量が増える。

　本章では，この考え方の背景をもう少し詳しくみることによって，価格変化や所得変化の経済効果をさらに考察する。最初に消費者の消費選択行動を考察し，次に生産者の生産行動を整理する。さらに生産要素の市場にも目を向けて，労働と資本の市場を概観する。

　以下で説明されるミクロ経済学の理論は，いくつかの仮定が行われているから，現実の経済行動に完全に一致するわけではない。しかし，経済現象を分析する場合や経済的な判断を行なう場合の基準として有効な議論であると考えられているし，何より租税政策論の基礎として活用できる。

2　家計の消費行動

2-1　予算制約線

　消費はある一定の予算金額という制約のもとで行われると仮定される。資金の借入や贈与がなければ，消費者の所得が予算制約の1つである。また，消費財の価格が高すぎれば買うことができないから，財の価格も予算制約の1つである。

　図8-1は横軸にX財，縦軸にY財の数量が測られている。図のAB線が予算制約線である。縦軸のAは消費者の所得MをY財の価格P_Yで割った数値で，いま購入できるY財の数量を示している。横軸のBは所得MをX財の価格P_Xで割った数値で，X財の購入可能量を表している。この消費

者は，予算制約線 AB の線上またはその左側の領域で，X と Y をさまざまに組み合わせて購入することができる。しかし，その右側の領域では，財の価格と所得に制約されているから購入できない。

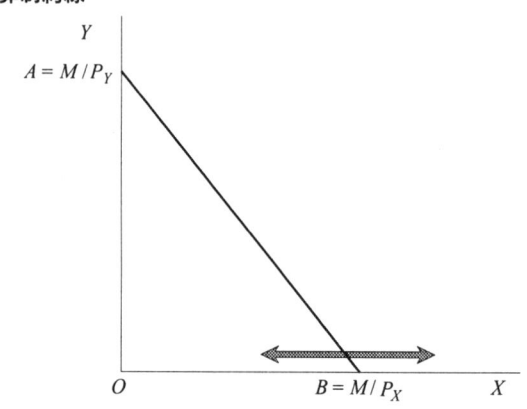

図8－1　予算制約線

```
        Y
        │
 A = M/P_Y
        │╲
        │ ╲
        │  ╲
        │   ╲
        │    ╲
        │     ╲
        │  ←——→╲
        │       ╲
        O────────B = M/P_X────X
```

　財の価格が変化すると予算制約線は変化する。X 財の価格が上がればその購入可能量が減るから点 B は左へ移動し，予算線は左へ回転シフトする。そこで，購入できる領域が減少する。X 財の価格が下がれば B は右へ移動し，予算線は右へ回転して，購入可能領域が増加する。Y 財の価格の変化も同じように点 A を上下に移動させる。

　所得の変化は予算線を平行にシフトさせる。価格は変化しないとして，消費者の所得が増えれば，どの財も購入可能量は増える。したがって，予算線は右上方へシフトし購入可能な領域が増加する。所得が減れば左下方へのシフトを引き起こすのは説明するまでもないだろう。所得が減少すれば買える物の範囲は小さくなると言うことである。

2－2　無差別曲線

　消費行動にはさまざまな目的があるが，ここでは単純化して消費による満足または効用を得るためであると考える。消費量が増えれば効用も増えるが，

消費1単位の追加による効用の追加分は次第に小さくなるだろう。これを限界効用が逓減すると言っている。

消費者がX財とY財をさまざまな組み合わせで購入し消費すると考えよう。そのとき2財の効用を合計して、ある一定の効用を得られる組み合わせは、次の図8－2の曲線Uのようになると考えられている。曲線Uは無差別曲線と呼ばれる。無差別曲線上ではどこも効用水準が一定である。点Eの組み合わせ（X_EとY_E）による効用の大きさは、点Gや点Fの組み合わせと同じで、その意味で選択肢としての差別が無い。

図8－2　無差別曲線

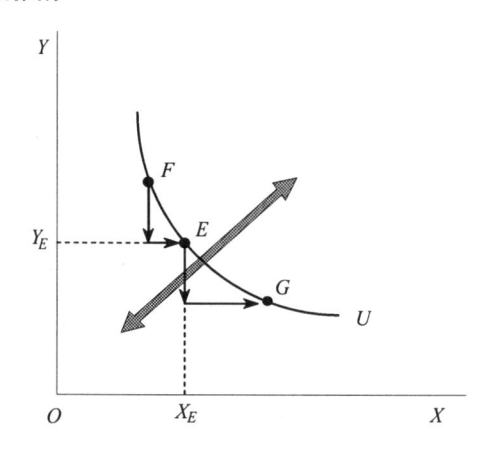

無差別曲線の形状は原点に対して凸になる。これは限界効用逓減の仮定による。点FからEへの移動では、Yの減少は大きくXの増加は少ない。比較的消費量の大きいYを減らしても、Xを少し増やせば、同じ効用水準が維持できる。点EからGへの移動では、Yの減少量が同じでもXは大きく増加させなければならない。消費量が大きいときには限界効用が小さく、消費量が少ないときには限界効用が大きいことを反映している。

無差別曲線は原点Oから右上方へ移動するほど、消費量が増えるから効用水準が高くなり、原点に近くなるほど効用水準は低くなる。無差別曲線は

無数にある効用水準に対応してやはり無数にあるが,互いに交差しないと取り決めてある。また,消費者の選好を反映するものであるから,消費者ごとに曲線の傾きが緩やかであったり,垂直に近いほど急であったりと変化する可能性がある。しかし,代表的な個人を考えれば,分析用具としてきわめて有用である。

2-3　消費者均衡

与えられた予算制約の下で,消費者ができるだけ高い効用水準を達成しようとすると仮定しよう。予算制約線と無差別曲線を重ね合わせることで,消費者にとって最適な消費の組み合わせを図示できる。次の図8-3はそれを示している。

図8-3　消費者均衡

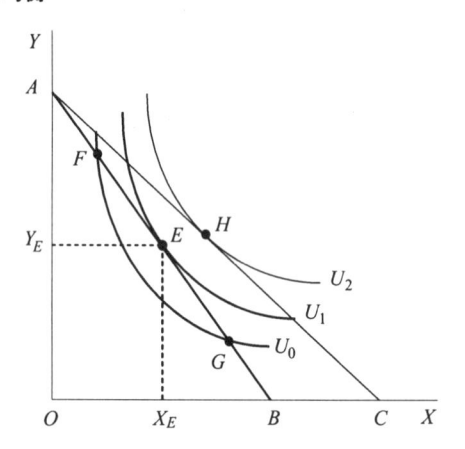

図の点Fは消費の組み合わせとして実現可能であるが,効用水準はU_0である。点Fから予算線上を右下に移動し,Yの消費量を減らしてXの消費量を増やしていくと効用水準は少しずつ高まり,点Eに達すると効用水準はU_1になる。点GからはXを減らしてYを増やしていくと効用水準が高くなる。点Eは今の予算制約のもとで最大の効用を与える消費の組み合わ

せである。点 E 以外を選択する理由は，取り敢えず存在しない。

　図示されてはいないが，所得が増加すれば，より高い効用水準の点 H を選択することもできる。そのときには，X 財も Y 財も消費量が増えるのは，図から読みとれるであろう。価格が変化するときにも消費量は変化する。X の価格が低下すれば予算線は B 点が右へ移動して AC へシフトするから，X の消費量は増える。すなわち，価格が低下すると需要量は増える。この関係は，需要曲線が右下がりになることを示している[1]。

2－4　所得効果と代替効果

　価格変化の効果を少し詳しくみると，また別の重要なことが分かる。以下では，X 財の価格が上がり，Y 財（およびその他の財）の価格，消費者の所得と選好は変化しないと仮定しておく。次の図8－4はこうした状況の経済効果を説明している。

　財の価格変化は消費者の所得を実質的に変化させる。例えば，ある財の価格が2倍になれば，購入可能量は2分の1になる。これは所得が2分の1になったのと実質的には同じである。消費者の所得それ自体は変化しなくても，価格の変化によって実質所得は変化するのである。

　価格が上昇すると X の購入可能量は減少するから，図8－4の予算線は変化前の AB から AC へ回転シフトする。均衡点は E_0 から E_1 へ移動し，X の購入量は X_0 から X_1 へ減少する。この需要量の減少には，X の価格（相対価格）上昇による効果と，価格上昇で所得が実質的に減少したことによる効果が含まれている。前者を代替効果，後者を所得効果と呼ぶ。

　1）価格変化による需要量の変化には，実質所得が増加したことによる効果も含まれている。価格低下が実質所得を増加させ，その所得増加が需要を増加させるという効果である。この所得効果を除外したうえで，価格と需要量の関係を示したものは補償需要曲線と呼ばれている。補償需要曲線は通常，所得効果を含む需要曲線より傾斜が急になる。

図8-4 所得効果と代替効果

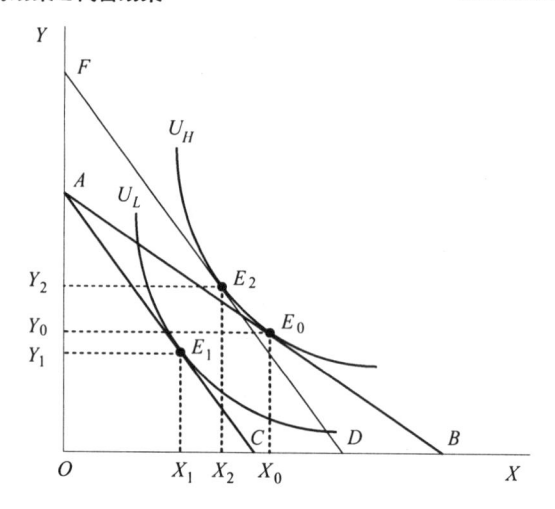

　代替効果と所得効果は，次のように分離できる。まず，価格上昇後の予算線ACに平行な予算線を元の無差別曲線U_Hに接するまで上方に移動させる。この予算線がFDで，無差別曲線との接点はE_2である。点E_2は元の無差別曲線上にあるから，価格上昇前と効用水準は等しい。効用水準が等しい＝実質所得が等しい，と考えれば，E_1からE_2への移動は，価格上昇で減少した実質所得を補償した結果であると理解できる。その補償された所得はY財で測ってACとFDの垂直距離FAに等しい。

　実質所得の減少を補償したときの均衡点E_2は，価格変化で生じた所得減少を，いわば元に戻したときの結果である。したがって，無差別曲線U_H上の，点E_0からE_2への移動は価格変化の効果だけを表すことになる。同じ無差別曲線上にあるから，実質所得は価格変化前と同じであり，実質所得の減少の効果を除去していることになる。予算線の勾配の変化（ABがFDに変化）が価格比率の変化を示している。

　X財の需要量の変化でみると，X_0X_2が代替効果，X_2X_1が所得効果である。この場合には代替効果と所得効果が同じ方向に働き，Xの価格上昇に

よって消費量は減少している。しかし場合によっては，価格上昇による実質所得の減少が，需要量を増加させるときもある。下級財と言われる財では，所得の減少が需要量を増加させることが知られている。

3　企業の生産行動

3-1　総収入

消費者が効用の最大化を求めると仮定したのと同じように，生産者は利潤の最大化を求めると仮定しよう。ここで利潤とは，総収入マイナス総費用である。まず，総収入と生産量の関係から整理する。

図8-5は総収入曲線 TRC である。総収入とはその財の価格に生産量を掛けたものであり，生産量が増えるにつれて増加する。生産量が Q_1 のとき総収入は TR_1 で，このときの価格 P は TR_1/Q_1 である。価格が上がれば同じ生産量でも総収入は増える。総収入曲線 TRC_2 は価格が上昇したときの総収入を示している。そのときの価格はもちろん TR_2/Q_1 になる。

図8-5　総収入曲線

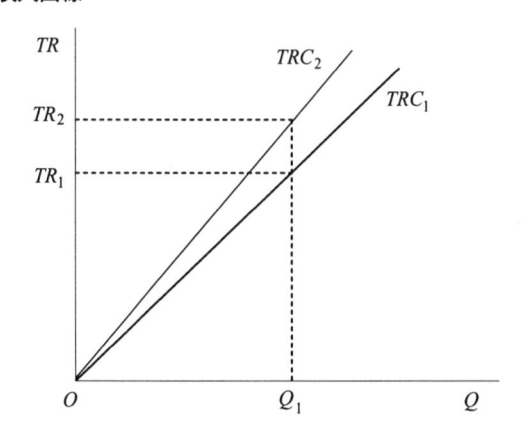

価格が一定ならば生産量を増やせば総収入は増える。しかし，生産量＝供給量を増やすと価格が下がるかも知れない。価格が下がったとき総収入が増えるかどうかは，慎重に計測しなければならない。ある企業が市場のなかでどのような位置を占めているかは，かなり重要な要素になる。

完全競争市場にある企業は，その生産量が供給量全体からみて少なく，供給量を変化させても価格は変化しないと仮定されている。つまり，その企業にとって生産物の価格は市場で与えられるものであり，自分で動かすことはできない。完全競争企業にできるのは，市場価格を情報の1つとして受け取って，生産技術の選択を含めた生産行動を決定することである。そのためには生産費用を考慮しなければならない。

3-2 総費用

生産量と費用との関係は，費用関数あるいは費用曲線として分析されてきた。経済には多種多様な産業・企業があり，費用関数も多様である。

図8-6は典型的な総費用曲線 TCC である。生産量が増えるにつれて総費用が増加するが，増加の仕方は単調ではない。速く増加する局面とあまり増加しない局面がある[2]。なお，総費用とは，固定費用プラス可変費用である。固定費用 FC とは，生産量が変化しても変化しない費用，可変費用 VC とは生産量とともに変化する費用である。年間契約の土地代は固定費で，原材料費や光熱費は可変費用である。

2）これは生産の技術と関連している。生産技術とは簡単に言えば，一定量の生産物を生産するのに労働や資本，あるいは土地といった生産要素を，どのような割合でどれだけ使用するかという生産方法のことである。同じ製品でもいくつかの生産方法があり，もちろん生産量にも関連するが，費用の高低はこの生産技術によって左右される。

図8−6 総費用曲線

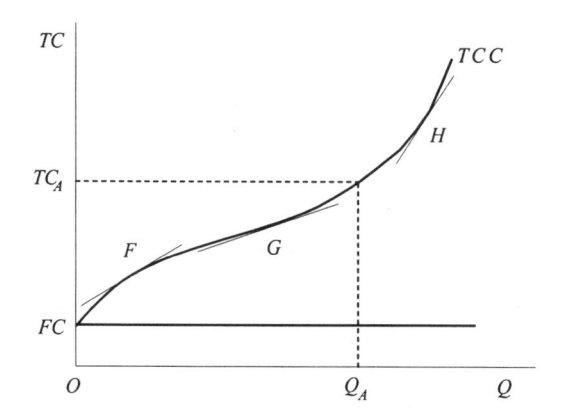

生産しなくても固定費用は必要だから，生産量がゼロでも総費用は FC になる。生産量を増やせば可変費用がそれに加わる。生産量 Q_A では総費用は TC_A である。この総費用を生産量で割ったものは，平均（総）費用になる。生産物の価格は平均収入であるから，価格マイナス平均費用が平均利潤である。平均利潤に生産量をかければ利潤の総額が計算できるが，企業の目的はこの利潤を最大化させることである。

なお，総費用曲線 TCC の上の各点（F〜H など）における傾きは限界費用 MC と呼ばれている。生産物を1単位だけ増加させたときに，総費用がどれだけ増えるかを示しており，すぐ後でみるように重要な概念である[3]。

---

3) 限界費用は平均値ではない。生産の増加分を ΔQ，そのための総費用の増加分を ΔTC とすると，限界費用は $\Delta TC / \Delta Q$ で表される比率である。実際には，製品1単位を作るのに必要な費用の追加分といえる。重要なことは，生産量の大きさによって限界費用の大きさが異なることであり，本文のような形の総費用曲線の場合には，生産開始とともに初めは低下するが，最低水準を超えるとほぼ一様に上昇していく（図8−8の MC 曲線を参照）。限界費用曲線は，競争企業が市場に参入するときの供給曲線である。

3－3　生産量の決定

　総収入と総費用の差額が利潤である。そこで，図8－5の総収入曲線と図8－6の総費用曲線を重ね合わせると，生産量が変化するにつれて利潤がどのように変化するかを示す図8－7ができる。

　この例では，生産量が少ないときには収入が費用よりも少なく，損失が出ている。生産量がある程度まで増えると，総収入と総費用がちょうど等しくなる。図の点 B，曲線 TCC と TRC が交差する生産量である。この生産量では，当然のことであるが，平均収入（＝価格）と平均費用が等しい[4]。この生産量を超えると，総収入が総費用より大きくなって利潤が生じる。利潤最大の生産量は Q_E で実現するが，生産量をさらに増やすと利潤総額は減少する。利潤最大化を目的とする限り，生産量は Q_E に調整されるべきである。

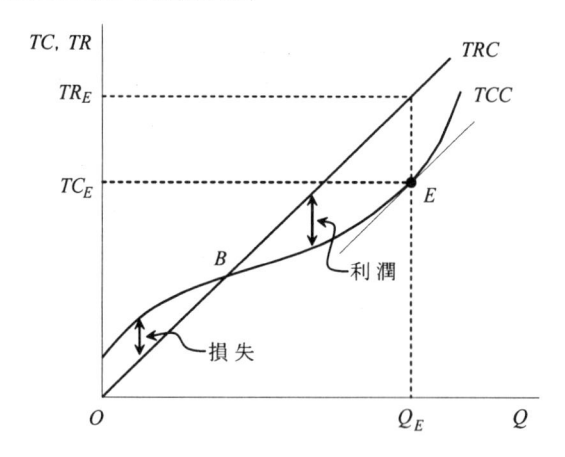

図8－7　生産量の決定（利潤最大化）

　4）総収入／生産量＝平均収入であるが，これは生産物の価格と等しい。平均費用は，総費用／生産量である。図に示されているように，この生産量では総収入と総費用が等しいから，それらを生産量で割った平均値も当然等しい。

生産量が Q_E のときの総収入は TR_E で，TR_E を Q_E で割ったものは平均収入であり，これは市場で決まる価格である。平均費用は総費用 TC_E を生産量 Q_E で割ったものであるから，平均収入（＝価格）より小さい。この差額が平均利潤である。利潤の総額は，TR_E マイナス TC_E になる。

利潤最大の生産量には1つの重要な特徴がある。生産量 Q_E における総費用曲線の傾き（点 E における傾き）は，総収入曲線の傾きに等しい。総収入曲線 TRC の傾きとは，平均収入つまり価格であるが，生産物1単位を追加的に販売した収入でもあるから限界収入 MR でもある。総費用曲線 TCC の傾きは限界費用 MC である。

すなわち，利潤最大の生産量では，

価格 P ＝限界費用 MC

となる。企業はその限界費用が，市場で成立する価格に等しいように生産量を調節することで利潤を最大化できる。これが完全競争企業の利潤最大化の条件である。

3－4 利潤の最大化と生産費

価格と限界費用の以上の関係を別の見方から確認しておこう。

次の図8－8は，限界費用 MC，平均総費用 AC，価格 P を生産量との関係で示したものである。平均収入である価格は市場で決定され P_0 である。生産量が変化しても変化しない。平均費用（＝総費用／生産量）はU字型の曲線で，最初は高いがやがて減少して最低水準に達した後に上昇する。限界費用（総費用の増加分／生産の増加分）もU字型であるが，その最低点には平均費用よりも早く達して，そののち上昇に転じる。

図では点 E で価格と限界費用が等しく，この生産量 Q_E で利潤が最大となる。利潤の金額は，平均収入である価格と平均費用の差額，つまり平均利潤 EF に，生産量 Q_E を掛けることで計算できる。ここで最大化された利潤の総額は $P_0 P_A FE$ の面積である。

利潤が最大化している理由は，次のように説明できる。生産量が Q_E を超

えると，MC曲線は価格 P_0 より上になるから，追加した生産物1単位の費用，つまり限界費用が価格（販売収入）より大きくなる。そこで，その追加1単位には損失が生じる。生産量を Q_E から減らす場合には，MC曲線が価格 P_0 より下にあるから，生産減少分だけ費用は減るが，販売収入の減少分はその費用以上である。その意味で，Q_E の右側だけでなく左側でも，生産物1単位に関しては損失が生じるのである。

生産量が Q_E から多少左右に動いたとしても，利潤の総額はほとんどが維持されるから，生産量の多少の変動はあり得る。しかし，価格＝限界費用という条件をできるだけ追求することによって，利潤の最大化を図ることができる。図に示されているように，市場価格が変化すればそれに応じて生産量を調節することによって，利潤の最大化を目指すことになろう。

図8－8　限界費用と価格

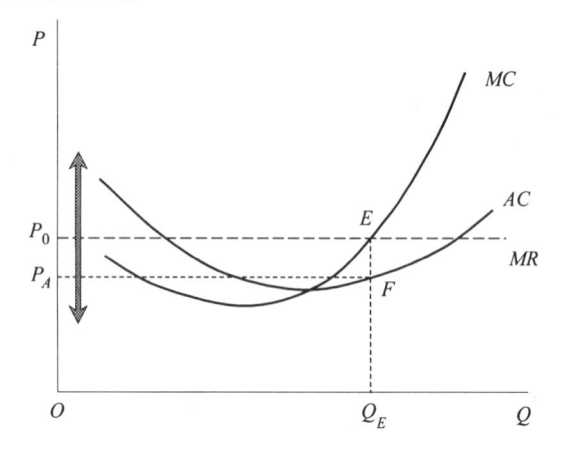

4　要素市場における家計行動

4-1　労働と余暇の選択

生産要素の市場においても，需要と供給は価格によって分析できる。

前章で述べたように，労働の供給者は家計であり，需要者は企業である。生産要素である労働の需要量は，生産される財・サービスに対する需要の大きさと生産技術によって決まる。企業が生産量を増やすときには労働需要量は増え，生産を減少させるときには労働需要量は減少するとみてよい。しかし，一定の生産量をより少ない労働で生産できるような技術が開発されたとすれば，労働需要は以前よりは増えないかも知れない。

労働の供給には家計の選択が働く余地がある。次の図8-9は賃金との関係で労働供給量の決定を説明するものである。縦軸には所得 Y を測り，横軸には時間（24時間）を測る。横軸の H から左方向へ労働時間，O から右へ余暇を測る。直線 AH はこの分析での予算線である。点 A は24時間労働する場合に得られる所得である。所得 AO を労働時間 OH で割った数値（AO/OH）は賃金率（労働時間当たりの給与・報酬）と呼ばれる。

図8-9　労働と余暇の選択

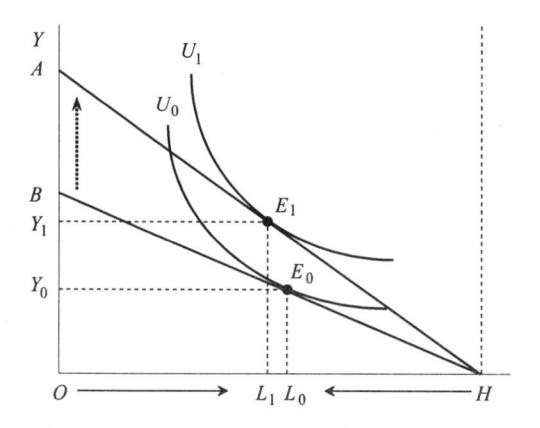

さて,図8-9で最初の予算線がBHであるとしよう。賃金率はBO/OHである。この予算線の下では無差別曲線U_0が効用最大で,予算線との接点はE_0である。ここでの無差別曲線は,働くこと(所得の獲得そして消費)と働かないこと(余暇)との組み合わせによる一定の効用水準を表す。労働で得た所得は消費され効用を生むが,余暇にも効用があると考えている。効用を最大化するために,ここではHL_0だけ働いてY_0の所得を得ている。

次に,賃金率が上昇して予算線がAHに回転シフトしたと考えよう。賃金率はAO/OHになる。均衡点はE_1へ移動して,効用水準がU_1へ上昇する。労働時間はHL_1に増え,所得はY_1に増える。労働の増加量はL_0L_1で,余暇は労働の増加分だけ減少している。このように,家計は賃金率の変化に応じて労働の供給を調節すると考えるのである。

4-2 賃金率と労働供給

賃金率は労働の価格であるから,こうした考え方は生産物価格と消費選択に関する考え方と基本的には同じである。つまり,労働と余暇の間の選択にも所得効果と代替効果があるのだが,賃金率と労働供給の関係を少し詳しく分析すると事態はより鮮明になる。

図8-10は賃金率が下がる例である。予算線はAHからBHへ,下方へ回転シフトする。均衡点はE_0からE_1へ移動し,労働供給量はHL_0からHL_1へ増加する。ここで賃金率の低下によって実質所得が減少した効果を全体の効果から分離すれば,残りが賃金率(労働の価格)の低下だけの効果になる。これを確めるために次のように考えよう。

予算線BHと平行な補助線CDを,無差別曲線U_0に接するように描くと,接点はE_Cになる。この点E_Cは,効用水準は前と変わらないという意味で,実質所得が同じで,賃金率が低下した後の均衡点である。この点で選択すると同じ効用を維持できるが,労働供給量はHL_Cになる。賃金率が低下すれば実質所得は減少するが,仮にその減少が補償されたとした場合の状況であ

り，賃金率の変化だけの効果を示している。こうして示される労働供給量の減少 L_0L_C が代替効果である。実際には実質所得は減少しており，その所得効果は労働供給量の増加 L_CL_1 で示される。この図8－10の例では，所得効果が代替効果より大きく，労働供給量は増加する。所得効果が代替効果よりも小さい場合には，労働供給量は減少する。

図8－10 賃金率の変化と労働供給

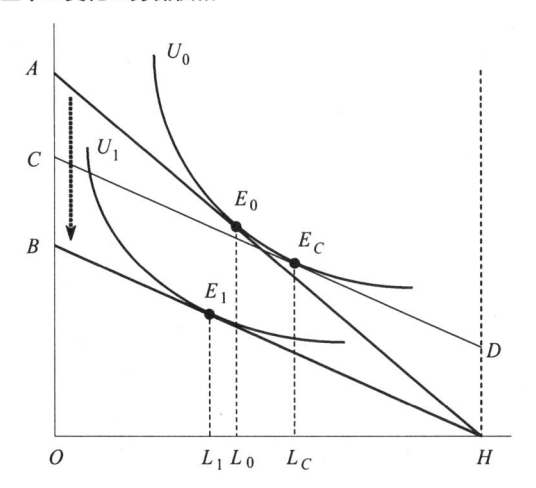

賃金率の低下は余暇の機会費用の減少である，という点が重要である。例えば，時間当たり2,000円の賃金が1,000円に減るとしよう。労働を1時間減らしても，所得の減少は以前の半分にすぎない。余暇を消費することによって犠牲になる所得が減るのだから，余暇に支払う価格（余暇の機会費用）が減るのである。普通の財やサービスは，価格が下がれば消費量は増加する。余暇も同様であるとすれば，賃金率の低下による代替効果は，余暇の消費量を増加させ労働の供給量を減少させる。

他方，所得との関連では，余暇は普通財である。すなわち，所得が増えればその消費は増え，所得が減ると消費が減る。図8－10の例のように，所得が減少すれば，余暇の消費量は減り労働の供給量が増えると考えられる。所

得が減少する場合には，その所得効果が労働供給量を増加させるのである。このように，所得効果と代替効果は反対方向に働くから，賃金率の変化が労働供給量に与える効果は，厄介なことだが一様ではない。[5]

4－3　消費と貯蓄の選択

　生産要素としての資本は，工場や機械設備といった物的資本を指すことが多いが，投資支出や消費支出の資金を指す場合もある。家計はこの資金供給の重要な主体でもある。家計はその所得から消費を行なうが，消費の残りは貯蓄であり，この貯蓄が資金供給源の1つになる（その他の供給源は企業と政府である）。

　家計がどれだけ貯蓄を供給するかは，消費の時間選択によって決まる。所得を今期の消費と来期の消費にどのように分けるか，すなわち家計の消費－貯蓄選択によって資金供給量が左右されるのである。

　図8－11の横軸は今期の所得と消費，縦軸は来期の所得と消費である。ある家計の今期の所得が C_0 で，来期の所得が F_0 であるとしよう。貯蓄も借入もしなければ，今期と来期の消費の組み合わせは点 N_0 で行われることになるが，効用は最大化しないかも知れない。そのとき，貯蓄（あるいは借入）によって効用水準を高めることができる。

　この例では，今期の貯蓄が効用水準を高める。所得 C_0 のうち C_0C_1 だけ消費を減少させて貯蓄すると，来期の所得は F_0 から F_1 へ増える。今期の消費は減少するが来期の消費が増加して，点 N_1 が示すように効用水準は U_1

　5）本文の記述とは反対に，賃金率が上昇して予算線が BH から AH に上方へ回転シフトすると，労働供給は HL_1 から HL_0 へ減少する。前の図8－9では，賃金率の上昇によって労働供給量が増加する例が描かれていた。縦軸に賃金率を測り，横軸に労働供給量を測る図を描くと，労働供給曲線は賃金率が低い局面では，賃金率の上昇によって増加し（右上がり），ある水準の賃金率（したがって所得）を超えると賃金率の上昇によって減少する（左上がり）と想定されることがある。

図8-11 現在消費と将来消費の選択

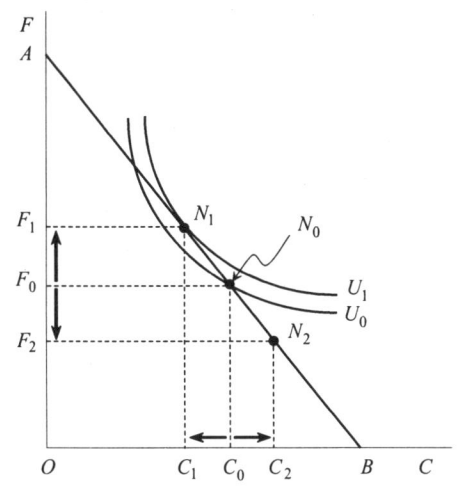

へ上昇する。今期の貯蓄 C_0C_1 は，来期にはその金額に利子を加えた大きさ F_1F_0 に増加する。図の直線 AB の傾きは，今期に犠牲にした消費（貯蓄）によって来期に増加する消費（所得）の大きさを示している。[6]

借入を行なって消費の組み合わせを変更することもできる。C_0C_2 の借入を行なえば，今期の消費は C_2 まで増やすことができる。しかしこの場合には，来期には今期の借入を返済しなければならない。返済額は，借入金額プラス利子だから，F_0F_2 の大きさになる。この図の例では，点 N_2 のような組み合わせは効用水準が低下するから選択されないが，無差別曲線の位置によっては，借入による消費の前倒しは十分にあり得る選択肢になる。

6）予算線 AB の傾きは利子率の高低によって変わる。仮に今期の所得をすべて貯蓄すると，今期の消費はゼロで貯蓄は OC_0（$=F_0N_0$）である。この貯蓄には利子が付くから，来期の所得は F_0N_0+利子率$\times F_0N_0$ だけ増えるが，それが AF_0 に等しい。利子率が5％であるとすると，今期の100万円の貯蓄は，来期の所得を105万円（100万円＋5万円）だけ増加させる。このとき予算線 AB の傾きは105／100である。利子率が10％になれば AB の傾きは110／100になる。逆に利子率が低くなれば傾きは緩やかになる。

4-4 利子率の変化と貯蓄供給

さて、利子率の変化によって貯蓄供給はどのように変化するのだろうか。次の図8-12は、前の図と基本的に同じものである。今期と来期の所得が点Nで示される。すなわち今期の所得がC_0、来期の所得がF_0である。このとき、この家計では貯蓄C_0C_1が行われるであろう。そこで今期の消費は減少し、来期の消費は増加する。効用水準は点Nにおける水準よりも上昇しU_1になる。この家計は貯蓄者である。

ここで利子率が上昇すると、予算線ABは点Nを中心に回転しDGになる。均衡点はE_1からE_2へ移動して、効用水準は高くなるだろう。貯蓄はC_0C_1からC_0C_2へ増加し（今期の消費が減少し）、来期の消費はF_1からF_2へ増加する。この場合には、利子率の増加は貯蓄供給を増加させる。この貯蓄増加をもたらした効果をもう少し整理しよう。

図8-12 利子率の変化と貯蓄供給

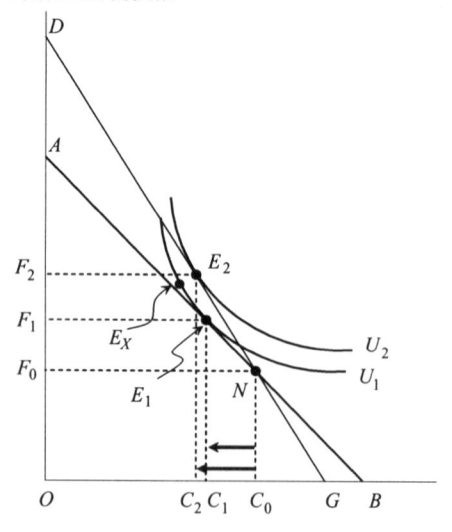

貯蓄が同額であっても、利子率が高くなれば、来期の所得（消費）はより大きく増える。利子率が低くなると所得の増加は少なくなる。利子率が高い

ときには，今期に消費1単位を行なうことによって放棄する，来期の所得は大きくなる。今期に消費して失う来期の所得は，まさに今期の消費の機会費用である。利子率が高くなると，今期の消費の機会費用は高くなるから，今期の消費が減少して貯蓄が増えると考えることができる。

利子率が低いときは，今期に消費を行なっても，それで失う来期の所得は利子率が高いときほどではない。つまり，今期の消費の機会費用が低下すると言うことである。そこで，利子率が低下すると今期の消費が増え，貯蓄が減少する。要するに，利子率が上がると貯蓄は増え，利子率が下がると貯蓄は減るのである。

以上は，今期の消費の機会費用（価格）が変化することによる代替効果である。利子率の変化には所得効果もある。利子率が上昇すると貯蓄を行なっている者は豊かになるはずである。したがって，来期の消費も今期の消費も，それが普通財であるかぎり増加する。すなわち，利子率が上昇すると，所得効果によれば消費が増加して貯蓄が減少すると考えられる。逆に，利子率が低下すると，所得が減って消費が減るから，貯蓄は増加するのである。

このように代替効果と所得効果は反対方向に働く。実際に生じる貯蓄の変化は，どちらの効果が大きいかによって決まる。図8－12に示されているのは，代替効果が所得効果より大きく，利子率上昇によって貯蓄が増加するケースである。このケースとは逆に，代替効果が所得効果より小さければ，貯蓄は減少することになろう。[7]

---

7) 代替効果と所得効果は次のように分離できる。図8－12で利子率が上がった後の予算線 DG に平行な補助線を，利子率が上がる前の無差別曲線 U_1 に接するように引くと（煩雑になるため図には描き入れていない），来期の消費の機会費用は変化しているが，実質所得は利子率上昇の前に等しい状況の均衡点 E_X が示される。$E_1 \to E_X$ の移動が利子率の上昇による代替効果である。これは今期の消費を減少させ貯蓄を増加させる。他方，所得効果は $E_X \to E_2$ だから，今期の消費を増加させ貯蓄を減少させることが分かる。

通常の経済状況の下では，利子率が上昇すると貯蓄供給は経済全体でみて増加すると考えられるが，貯蓄がある程度の水準に達すると，あるいは利子率が一定の水準に達すると，所得効果が強くなり貯蓄は増加しなくなる可能性がある。この可能性は，賃金率と労働供給の関係と同じように，やはり現実経済を実際に観測しなければ確定できないことである。

第 9 章 市場経済の効率性と租税政策

1 はじめに

　本章では市場経済全体を視野に入れて，効率的な資源配分を考えてみることにしよう。複数の消費者，複数の生産者を同時に取り扱い市場全体にイメージを広げて，資源配分の効率性を正確に掴み取りたい。経済政策や租税政策の意味，あるいは位置といったものが明確になるはずである。

　完全競争市場は，現実の経済にはほとんど存在しない。しかし，完全競争市場で実現する効率的な経済状況は，現実における消費者と生産者の行動やその結果である経済状況を判断する基準になる。したがって，経済政策を考えたり，その結果を判断したりするときに役に立つのである。この意味で，完全競争市場を理解しておく意義は十分に大きい。

　最初に，生産者の生産行動を前章とは別のアプローチで整理し，生産の効率性を考察する。次に，消費者の行動を再整理して，消費者が複数の場合の効率性を考察する。最後に，市場全体の消費と生産の両方についての効率性をまとめる。この過程で，効率性の基準がもつ弱点とともに，もう1つの有力な判断基準である公平性についても考察し，市場経済のいわば限界にも触れながら租税政策について言及することにしよう。

2 生産の効率性

2-1 生産者の費用最小化

　市場で決定される価格のもとで，生産者はその限界費用と価格が等しい生産量を生産すると利潤を最大化することができる。この場合，生産者は費用を調整してもよいし，生産量を調整してもよい。もちろん同時に両方を調整することも可能であろう。こうした調整を行なうためには，生産に投入する生産要素の量（と質）を変えればよい。長期的には生産技術を変えることも可能である。

次の図9－1はX財の生産における生産要素の最適な組み合わせを示している。縦軸には資本量K，横軸には労働量Lを測る。直線ABは一定の費用の下で投入できる生産要素の組み合わせを示す予算制約線である。一定の費用支出額（＝予算額）と要素価格を前提して[1]，点Aは雇用できる最大の資本量で，点Bは雇用できる最大の労働量である。また，曲線X_0などは等生産量曲線と呼ばれるものである[2]。

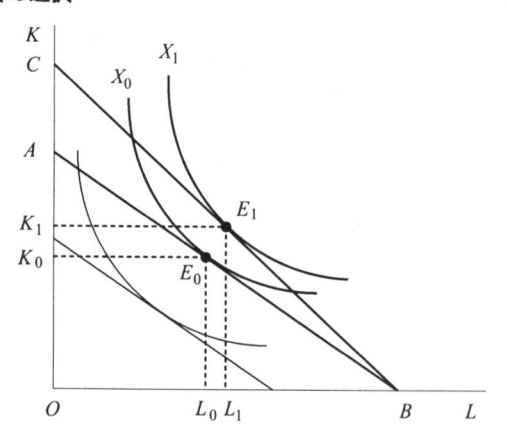

図9－1　生産者の選択

---

1) 労働の価格は，賃金率つまり時間当たり賃金である。資本の価格はレンタル・プライスと呼ばれるときもあるが，その実態は資本の単位当たり減価償却費に利子を加えたものになる。資本を生産に使って損耗した分の価値（減価償却費）とその資本を購入するために借り入れた資金の利子（その期間の利子支払額）の合計が，資本の価格になる。土地の価格は，土地面積の単位当たりの地代である。

2) 等生産量曲線は消費者均衡における無差別曲線と考え方は同じで，この曲線上はどの点も生産量が同じである。また，消費者の限界効用が逓減するのと同じように限界生産力が逓減すると仮定されている。限界生産力とは，他の生産要素の投入量を一定として，ある生産要素を1単位増やしたときに増える生産物の量である。

いまこの企業が，生産量 X_0 を生産したいと考えるとすると，生産要素の価格と費用支出額が決まっている場合には，予算線 AB と等生産量曲線が接する点 E_0 を選択しなければならない。労働投入量は L_0，資本投入量は K_0 になる。予算線上の他の組合せも選択できるが，そうすると生産量は X_0 より小さくなる。他の組合せを選択するのは合理的ではない。

注目すべきは，市場で与えられた要素価格の下で，この組み合わせの要素投入が最も費用が少ないと言うことである。生産量 X_0 を確保するには他のどの組み合わせも，より大きい費用がかかる。さらに費用を引き下げなければならないとすれば，予算線 AB を下方（例えば図の細い線）へシフトさせなければならない。そのときには生産量は当然ながら減少する。

生産要素の価格が変化すれば，要素投入の組合せを変える方がよい。図には資本の価格が低下した場合が描かれている。予算線は AB から CB へ回転シフトし，均衡点は E_0 から E_1 へ移動する。新しい要素価格の下では，安くなった資本を K_1 に増やすことができ，労働雇用も L_0 から L_1 へ増やすことができる。生産量は X_0 から X_1 へ増加する。

2-2 生産の効率性

市場全体の効率性を考えるために，Y 財を生産する別の生産者 B を以上の分析に加える。次の図9-2は，縦軸には経済全体の資本量，横軸には労働量を測っている。単純化のために，生産要素の存在量は変わらないと仮定しよう。

生産者 A は左下の A を原点にしている。別の生産者 B は逆向きに描かれており，右上の B を原点にしている。予算制約線は各生産者に共通の，市場で決定される一定の要素価格のもとで，傾きが同じ右下がりの直線になる。各生産者の予算線が M_A と M_B であるとすると，生産者 A の均衡点は E_A で，生産者 B の均衡点は E_B になる。生産量はそれぞれ X_1，Y_1 である。

この状況では，資本も労働も市場に余っている。生産に投入されている資本は K_A と K_B であり，合計しても資本の存在量 AK には足りない。労働に

も余裕があり,生産に投入されていない労働が余っている。こうした生産要素の「失業」は,生産できる量が生産できていないという意味で非効率である。現実的にいえば,生産物に対する需要を喚起する必要があるし,売れる商品を開発していかなければならないと言うことであろう。

　生産者の費用支出額が変われば均衡点は移動して,雇用量が増え,生産量が増える。しかし,それは需要の大きさ次第である。何らかの要因(例えば所得税の減税政策)で需要が増えるとすれば,均衡点は点Eのような位置に移動するかも知れない。雇用されない生産要素が無いという状態は効率的資源配分の条件の1つである。

図9-2　生産の効率性

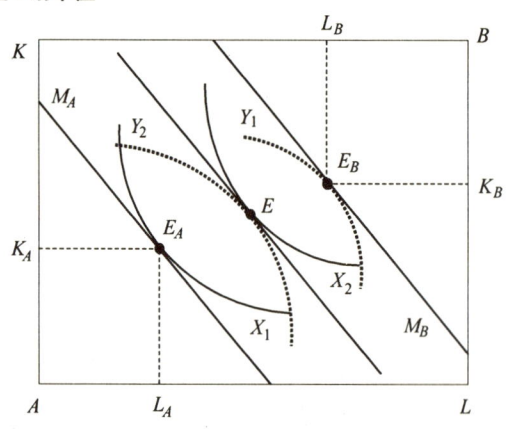

　ここまでは生産要素の価格は変化しないと想定していた。しかし,生産物への需要が増え,生産要素への需要が増える過程で,生産要素の価格が上昇することがあり得る。要素ごとに価格の変化率が異なれば,予算線の傾きは変わり,生産要素の組み合わせが変化する。また,需要の増加に応じるために生産技術(生産方法)を変える企業もあるだろう。これも生産要素需要を変化させて,要素価格を変化させることになる。予算制約線の変化と新しい均衡の実現は,実際には注意深い分析が必要である。

2−3 生産の契約曲線

　生産要素がすべて雇用されていれば効率的であると言えるだろうか。実はそうではない。生産における効率的資源配分の条件を明確にするために，生産要素の雇用と生産との関係をもう少し詳しくみる必要がある。

　各生産者の等生産量曲線は各生産量に応じて無数に存在する。次の図9−3には生産者 A，B の等生産量曲線のうち3本だけが描かれている。生産者 A の生産量は X_1, X_2, X_3 と次第に大きくなる。生産者 B の生産量は Y_1, Y_2, Y_3 と大きくなる。

　等生産量曲線が無数にあれば，生産者 A の各等生産量曲線は B の等生産量曲線のどれかとどこかで接する。いま A の生産量が X_1 であるとすると，点 C で B の Y_3 と接している。X 財の生産量が X_1 のとき，Y 財は Y_3 まで生産できる。X が X_2 のときは，点 D で B の等生産量曲線と接し，Y は Y_2 まで生産できる。こうした等生産量曲線の接点，C や D や F においては生産要素がすべて雇用され，与えられた資源のもとで最大量の生産が行われているのである。

　原点 A と B を結び，点 C, D, F を通る曲線は生産の契約曲線と呼ばれている。効率的な資源配分は，生産がこの契約曲線上で行われることで実現する。例えば点 C では，生産者 A は X_1 を生産し，B は Y_3 を生産している。X の生産を増やそうとしても資源に余裕はなく，Y を減らさないかぎり不可能である。この状況が，パレート効率的といわれる資源配分の状況である。[3]

　注意が要るのは，生産要素がすべて雇用されていても資源配分が非効率な状況があるということである。例えば，図の点 G では資源配分は非効率である。点 G では生産要素がすべて雇用されているが，X 財の生産量は X_1 で，

---

　3) パレート効率性は，ある財の生産を減少させずに，別の財の生産を増加させることができない状況と定義される。

図9－3　生産の契約曲線

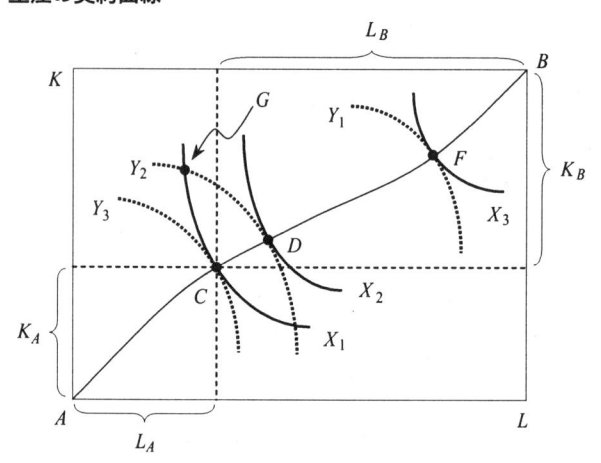

Y財はY_2である。このとき曲線X_1の上をGからCへ移動できれば，Xを減少させずにYを増加させることができる。あるいはGからY_2の上をDへ移動すれば，Yを減少させずにXを増加させられる。点Gは，生産要素はすべて雇用されているが，一方の生産量を減らさずに他方の生産量を増やせるし，両方の生産量を増やすことも可能だから，効率的ではない。生産要素の組み合わせが適切ではないのである。

資源配分の効率化には，現に雇用されている生産要素がその産業から別の産業へ，その企業から別の企業へ移動しなければならないときがある。一般的な言い方をすれば，生産への貢献（つまり限界生産力）が低い要素は，それが高くなる部門に移動することで，経済全体の生産が拡大するということである。現実的には時間も費用もかかるこの移動を，社会経済全体としてどのように実現するかは重要な政策課題である。

なお，点GからCまたはDへ移動するときには，各生産者の雇用する要素の割合が変化している。この変化が要素価格（したがって要素供給者の所得）にも影響を与えるということは十分に注意すべきことである。

2−4 生産可能性フロンティア

契約曲線上で生産が行われると資源配分は効率化する。この効率的な生産の意味をもう少し考えよう。

次の図9−4に描かれた生産可能性フロンティアABは，図9−3の契約曲線と対応している。図9−4は横軸にX財の生産量，縦軸にY財の生産量を測っている。図9−3の原点Aでは，Xの生産量はゼロでYの生産量が最大である。この2財の組合せは，図9−4の生産可能性フロンティアでは縦軸の点Aになる。図9−3ではXの生産量が増えていくと，Yの生産量は減少して，2財の組み合わせを示す点はC，D，Fと契約曲線上を右上に移動する。生産可能性フロンティアでは，この移動に対応する点は同じくAからC，D，Fと移動してBに達する。契約曲線の図で非効率だった点Gは，生産可能性フロンティアの図でも点Gに対応する。

図9−4　生産可能性曲線

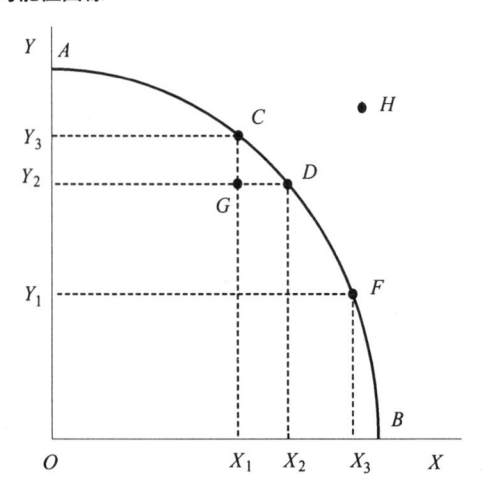

仮に，経済が点Gにあるとすると，XはX_1の量，YはY_2の量が生産される。このときには，Xの生産を増やすこともYの生産を増やすことも，あるいはその両方を追求することもできる。実際にYを増産して点Cに向

かうか，Xを増産して点Dに向かうかは大きな問題であるが，何れにしても効率性が改善される。生産可能性フロンティアに到達して，例えば点Dにあるとすると，Cへ移動してもFへ移動しても効率性はとくに改善されない。ただし，各生産者および消費者にとっては，所得の分配量が変化するから，移動の是非には生産の効率性とは別の判断基準が必要になる。生産可能性フロンティアそれ自体を右上方へシフトさせるような政策，つまり点Hなどを目指す政策にはほとんど反対は無いはずである。

3 消費の効率性

3-1 消費者の効用最大化

消費者の消費行動についても，複数の消費者を考えて生産面と同じような分析ができる。実現可能な効用を消費者間で分配することについて，一定の見通しが得られる。

まず，消費者の効用最大化を次の図9-5で確認しよう。横軸にX財，縦軸にY財の数量を測り，価格変化前の予算線がABで示されている。最初の均衡点は無差別曲線U_0上のE_0で，消費の組み合わせはX_0とY_0である。各生産物の価格が市場で決定され，その価格と一定の予算金額の下で効用が最大化されている。予算が減ると財の購入量が減り，効用も減る。

ここでXの価格が低下すると，予算線はACに回転シフトする。均衡点はE_1に移動して，価格が下がったX財の消費量はX_0からX_1へ増加し，（相対的には）価格が上がったY財の消費量はY_0からY_1へ減少する[4]。こうした変化によって，効用水準はU_0からU_1へ上昇する。

---

4) 価格低下によって実質所得が上昇することによる効果（所得効果）が大きければ，財Yの消費も増えるかも知れない。図9-5は1つの例である。

第9章 市場経済の効率性と租税政策　187

図9-5　消費者の選択

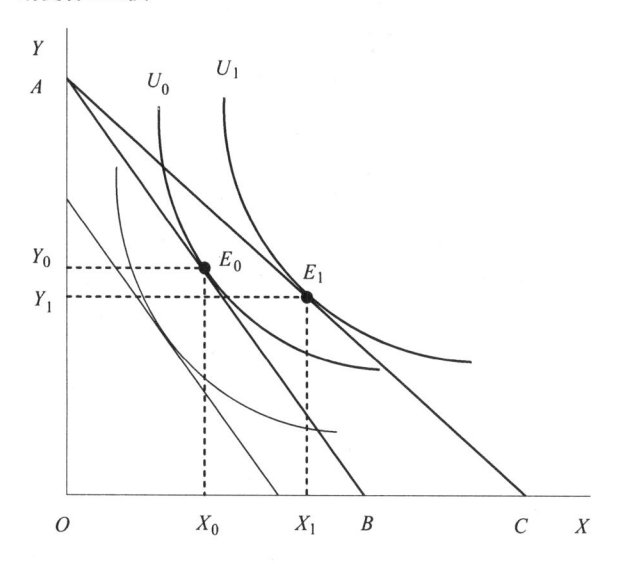

図9-6　消費の契約曲線

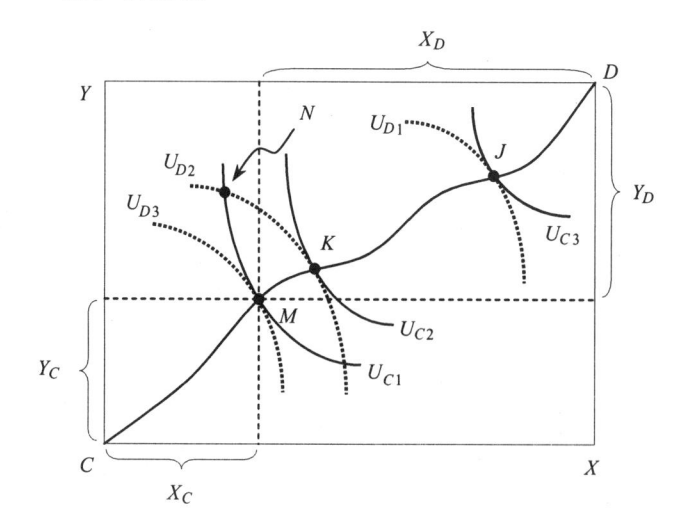

3-2 消費の効率性

以上の消費者Cに消費者Dを追加して考えよう。次の図9-6には、消費者Dが原点を図の右上のDとして、逆向きに描かれている。横軸はX財の生産量と消費量、縦軸にはY財の生産量と消費量が測られており、無差別曲線の位置によって両方の財の消費量と分配量が決まる。

消費者の無差別曲線は無数にあるから、一方の消費者の無差別曲線は必ず他方の無差別曲線のどれかと、どこかで接することになる。図には3本しか描かれていないが、各消費者の無差別曲線の接点が点JやKあるいはMなどで示されている。この接点では、各消費者の無差別曲線の傾きが等しい。無差別曲線の傾きは、Xを増やすために減らしても良いYの量を示している。傾きが等しいときには、XとYの各1単位についての消費者の評価の割合が消費者間で等しいのである[5]。

こうした無差別曲線の接点M, K, Jなどを通って、図の原点CからDへ結ばれる曲線は消費の契約曲線と呼ばれている。契約曲線の上で消費が行われているときには、消費量と効用水準が対応しているとして、一方の効用を減らさない限り他方の効用を増やすことができない。消費が契約曲線上で行われていれば、消費は効率的ということになる[6]。

効率的な点Mをみると、消費者CはX_CとY_Cを消費し、消費者DはX_DとY_Dを消費している。消費量の合計と生産量はちょうど一致し過不足はな

---

5) 厳密ではないが数字をあげてみよう。消費者CはいまXとYの評価が1対5であるとする。消費者Dは逆に5対1であるとしよう。このとき消費者DはY評価1のYを1単位Cに渡して、評価5のXを1単位得ることができるだろう。この取引でDの効用は4だけ増え、Cの効用も4だけ増える。消費量が増えると限界評価は下がるから、評価の比率は例えばDは4対1になり、Cは1対4になる。さらに同じことを繰り返して、両消費者の評価の比率が同じになれば、その時点で取引の余地はなくなり効用は最大化する。

6) パレート最適概念を消費による効用に適用した例である。一方の効用を減らさないかぎり他方の効用を増やすことができない状況である。

い。消費量は D の方が多いが，効用の水準も高いかどうかは，この図からは分からない。

非効率な状態の一例を挙げておこう。図の N における消費は非効率である。点 N では消費者 C の効用が U_{C1} で，消費者 D の効用が U_{D2} である。このときには，D の効用を減少させずに C の効用を増加させることができる。無差別曲線 U_{D2} の上を点 N から K へ移動すればよい（あるいは U_{C1} 上を N から M へ移動しても効率化する）。ただし，この移動によって消費者の財の消費量は変化する。後に述べるように，この移動は価格変化に対して消費者が自発的に消費量を調整することによって実現する可能性がある。

4 生産の効率性と消費の効率性

以上で述べた生産の効率性と消費の効率的との関係を整理しておこう。図9－7は横軸が X 財の生産・消費量，縦軸が Y 財の生産・消費量である。生産可能性フロンティアは $Z_A Z_B$ で示されている。いま生産がフロンティア上の D で効率的に行われ，X は X_1 の量，Y は Y_1 の量が生産されている。

図の曲線 CED は消費の契約曲線である。この曲線上の点 E で行われている消費は効率的である。X 財は消費者 C が CX_C を，消費者 D が DX_D を消費する。同様に Y 財は消費者 C が CY_C を，消費者 D が DY_D を消費する。消費者間のこうした財の分配は，同時に効用を分配しているということでもあり，またその財の生産に必要な資源の分配でもある。

契約曲線上の消費は，それがどこであっても効率的である。したがって，効率性の条件を満たす消費，そして効用の分配状態は無数にあると言える。ある人の消費を減らさなければ，別の人の消費を増やせないという意味で消費が効率的であっても，その効率的な状況は，公正や平等といった他の判断基準からみると受け入れることができない状況かも知れない。

ところで，消費の均衡点 E では，消費者の無差別曲線と予算線が接している。すなわち X と Y の価格比率（予算線の傾き）が消費者の財に対する評

図9−7　効率的資源配分

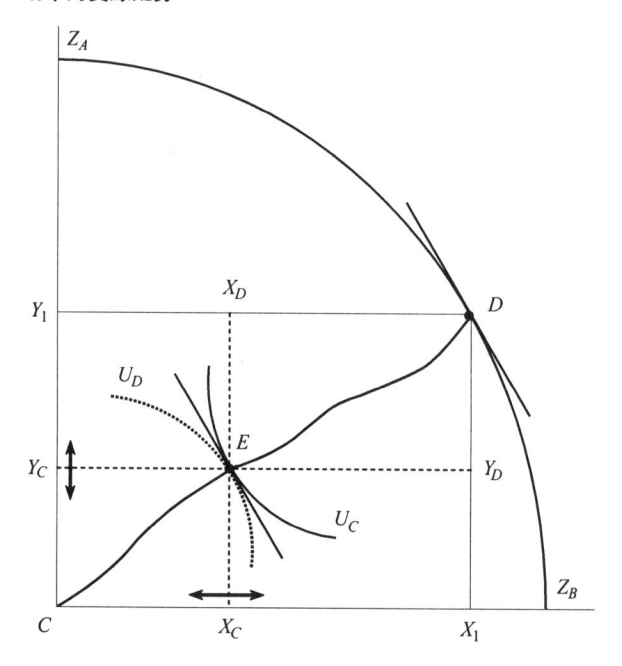

価の比率（無差別曲線の傾き）と等しい。そして，このとき生産可能性フロンティア上の点 D の傾きも無差別曲線の傾きと等しい。この点は技術的な説明を含めて後にもう一度触れる。

　生産要素の量が一定であるとすると，生産活動が生産の契約曲線の上で，すなわち生産可能性フロンティアの上で行われていれば，生産は効率的である。そして，その効率的な生産によって生産される各財に対して，消費もまた消費の契約曲線の上で行われていれば，消費は効率的に行われているということである。この状況が効率的な資源配分の状況に他ならない。経済がこれ以外の状態にあるとすれば，生産の効率性を改善するか，消費の効率性を改善するかして，消費者の効用水準を高めることができる。

　言うまでもないが，生産要素の価格や財の価格が変化すれば，あるいは生産の技術や消費者の嗜好が変化すれば，契約曲線や生産可能性フロンティア

の位置と形状は変化するから，効率的な消費や生産における財や要素投入の組み合わせも変化する。

5 効率的資源配分と市場機構

5-1 消費の効率化

市場機構は効率的資源配分を実現させることができるのだろうか。非効率な状況から効率的な状況へ向けて，消費者がその経済行動を変更するかどうかを考えてみよう。図9-8は前の図の一部を拡大したものである。横軸にはX財，縦軸にはY財の数量を測り，P_1やP_2は予算線，U_CやU_Dは各消費者の無差別曲線で，不規則な曲線Tが消費の契約曲線である。

図9-8 消費の効率化

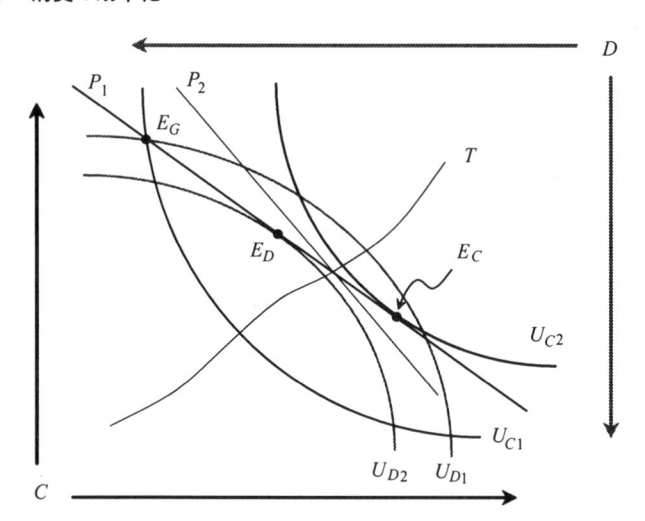

財の価格比が図の予算線P_1で示されるとしよう。いま点E_Gで消費が行われているとすると，この消費は非効率である。しかし，消費者は点E_Gが合理的な選択でないことが分かるだろう。同じ価格比率の下で消費者CはE_G

よりも E_C の方が望ましい。E_C へ移動すれば，効用水準は U_{C1} から U_{C2} へ上昇する。消費者 D は点 E_D へ移動すれば効用水準は U_{D1} から U_{D2} へ高くなる。

各消費者がこのように消費を変更すると，X 財の市場では需要量が供給量を上回り，超過需要が生じる。需要超過の X 財は，取り敢えずは価格が上昇すると考えて良い。Y 財の市場では超過供給が生じる。供給超過の Y 財は価格が下落すると考えられる。そこで予算線の勾配（価格比）は P_1 より急な，例えば P_2 に変化する。

次の段階では，この価格変化が需要に影響を与える。価格の上昇によって X の需要は減少し，価格が低下する Y の需要は増加する。この需要変動がまた価格を変化させて，さらに需要を変化させる。こうしたプロセスを経て，無差別曲線が互いに接する点，すなわち契約曲線上のどこか一点へ消費量が調整されて消費は効率化するという訳である。

生産者はこうした消費行動の影響を受ける。X 財の需要が増加して価格が上昇する場合，その生産者は生産量を増やすことが合理的である。需要が減少して価格が下落する Y 財の生産者は，生産を縮小させなければならない。生産要素価格が一定で，生産の技術的条件（生産関数）が許す限り，Y の生産に投入されていた資本と労働の一部は，X の生産へと振り向けられることになる。この過程がスムースに進めば，生産の組み合わせを示す点は生産可能性フロンティア上を右下へ移動する。

5－2 消費と生産の効率化

次の図9－9の例によって，消費と生産の相互関連を整理しておくことにしよう。図では，効率的な資源配分が実現しているとき，無差別曲線の傾きと財の価格比率，さらに生産可能性フロンティアの傾きが互いに等しくなることが示されている。

改めて，図の生産可能性フロンティア $Z_A Z_B$ を考えよう。曲線上の点 Z_1 では Y を1単位減らせば，X は2単位増加させることができる。この比率，$\Delta Y / \Delta X$ は限界変形率と呼ばれる。点 Z_1 では，1／2（＝0.5／1）であ

図9-9 効率的な財の構成

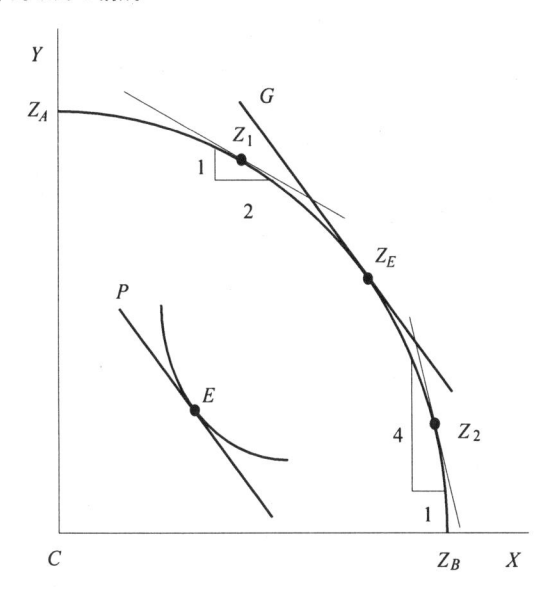

る。右下の点 Z_2 では限界変形率は4／1で，X を1単位増やすのに Y を4単位減少させなければならない。限界変形率は生産可能性フロンティアの傾きであり，フロンティア上を Z_A から Z_B へ向けて移動すると大きくなる。

限界変形率を言い換えると，X 財1単位を追加的に生産するために必要な Y 財の減少分である。すなわち，Y 財の数量で測定した X 財の限界費用である。今の例では，Z_1 では X を1単位増やすのに Y を0.5単位減少させなければならない。X の限界費用は Z_1 では0.5である。同じように Z_2 では4になる。X 財の生産量が増えていくと，その限界費用は次第に上昇するのだが，それは増加単位あたりに必要な資源量が次第に増えることであると考えることができる。

消費は予算線（財の価格比率）P と無差別曲線が接する点 E で行われる。無差別曲線の勾配は限界代替率（$\Delta Y／\Delta X$）である。限界代替率は Y 財の消費を1単位減少させたとき，効用水準を一定に維持するために増加させなければならない X 財の量を表している。仮に，点 E における限界代替率を

1／1としよう。このとき生産フロンティアとの関係はどうなるだろうか。

　生産がZ_1で行われているとする。このとき，点EでY財の消費を1単位減少させて，X財の消費を1単位増やしても効用水準は変わらない。生産面ではY財を1単位減少させるとX財は2単位増やせる。しかし消費者側からみて必要なXの生産増加は1単位だけである。Xの生産増加が1単位だけならば，生産点はフロンティアの内側に位置するから資源配分は非効率になる（資源が生産に利用されず遊休状態にある）。

　生産の効率性が維持されてXが2単位生産されると，X財市場では供給が需要より多くなる。そこでX財の価格は下がり，予算線Pの勾配は以前より緩やかになる。そこでX財の消費量が増える。他方，X財生産量の増加はその限界費用を引き上げ，限界変形率をいくらか上昇させる。これはフロンティア上をZ_1から右下へいくらか移動することによって示される。

　消費が点Eで，生産がZ_2で行われている場合は次のようになる。このときはX財の減少とY財の増加で考えると分かり易い。限界変形率（フロンティアの勾配）が示すように，Xを1単位減少させるとYは4単位増やせる。他方，限界代替率は1／1だから，Xの消費1単位の減少にはYの消費増加1単位で効用は維持できる。そこでYが3単位余る。消費増加に合わせて生産増加を1単位にすれば，生産の契約曲線を外れるから，資源配分は非効率化する。

　生産を効率化させてYを4単位生産すれば，Y財市場では供給が需要より多く，Yの価格は下がる。Yの価格が下がれば予算線Pの勾配はいくらか急になり，Yの消費量が増える。生産面ではY財の生産増加によって，その限界費用は高くなるから，フロンティア上をZ_2から左上へ移動し，勾配はいくらか緩やかになる。

5－3　資源配分と租税政策

　このように，生産と消費は相互に影響を与えながら，消費の限界代替率と生産の限界変形率が等しくなるような状況へと変化していくと考えられるの

である。その媒介となっているのが生産物の価格である。図9－9において，生産がZ_Eで行われるとき，すなわち無差別曲線に接する予算線Pの勾配と生産可能性フロンティアの勾配Gが等しいとき，消費と生産は均衡することになる[7]。

　市場が効率的な資源配分を達成しているとすれば，租税の賦課はその資源配分を攪乱して効率性を低下させる。租税原則のうちの効率性（あるいは中立性）は，資源が効率的に配分されていれば，消費者および生産者の行動に租税が影響を与えるべきではないと言うことである。つまり中立的に課税すべきであると言うことである。しかし，実際にはこの要請はほとんど満たすことができない。資源配分を変更させない税はほとんどない。

　しかし，租税政策にとって幸運なことに市場はいつも効率的なわけではなく，効率化プロセスには時間もかかる。言い換えれば，市場経済は何ほどかの非効率を常に抱え，つまり効率化させる余地がある。租税賦課による消費者および生産者の行動の変更が望ましい，という状況があり得るのである。

　また，資源配分が効率化しているとしても，経済成長を促進させるように生産可能性フロンティアを右上方にシフトさせ，そのために投資と技術進歩を促進させることも長期的に重要な目標である。増税よりも減税が主な政策手段になるだろうが，租税による効率性改善のための市場介入は，いつでも否定されるわけではない。

5－4　公平性の問題と租税政策

　租税政策のもう1つの役割は，公平な租税負担の配分による所得分配の平等化である。次の図9－10で説明しよう。図の縦軸には消費者Cの効用，横

---

7) 以上の均衡条件をまとめて示すと，

$$\frac{\Delta Y_C}{\Delta X_C} = \frac{\Delta Y}{\Delta X} = \frac{P_X}{P_Y}$$

となる。ここで，$\Delta Y_C/\Delta X_C$は消費者の限界代替率，$\Delta Y/\Delta X$は限界変形率である。また，P_X/P_YはX財とY財の価格比である。

図9−10 効用フロンティア

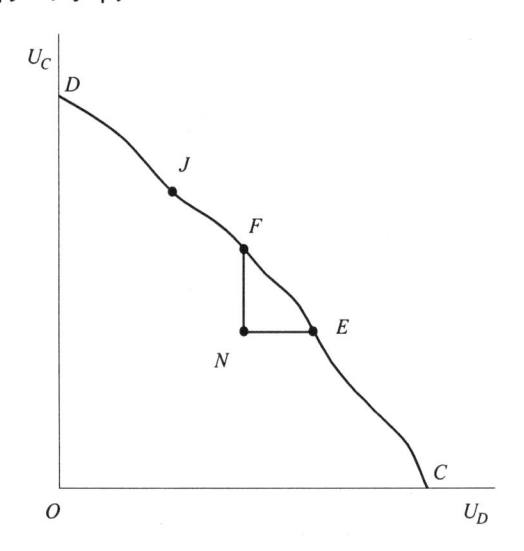

軸には D の効用を測る。不規則に右下がりの曲線 CD は効用フロンティアと呼ばれるが，消費の契約曲線（図9−7，190頁）から導かれる。

図9−7の点 E に対応するのが図9−10の点 E である。生産フロンティア上の点 D の示す組み合わせで生産される財 X と Y は，点 E が示す割合で，消費者 C と D に配分される。この消費財の配分による各消費者の効用水準が，図9−10に点 E として示されている。

生産される財の組み合わせ（つまり生産フロンティア上の位置）が変化すると，それに伴って，消費の契約曲線も位置が変化する。限界変形率が変化しているから，財の価格比も変化し，各消費者間における消費の効率的な配分も変化する。それに対応するのが，図9−10の例えば点 F である。このような効率的な消費の配分点は，生産される財の組み合わせに応じて無数にある。

図9−10のような効用フロンティアは，こうした効率的な生産と消費によって実現する，消費者の効用のさまざまな組み合わせの可能性を示すものである。消費者 C の効用（消費）が増えれば，消費者 D の効用（消費）が減る

のは，効率的な資源配分の下では当然であるから，効用フロンティアの形状は規則的ではないが，全体として右下がりになると考えなければならない。したがって問題は，トレード・オフ関係にある消費量とそれによる効用の分配にある。つまり社会的にみて望ましいのは点EなのかFなのか，またはJなのか。

例えば，効率的ではない点Nから，消費者Cの消費を一定にしてDの消費を増やせばEへ移動する。逆にDの消費を一定としてCの消費を増やせばFへ移動する。いずれの移動でも，誰の効用も減少させずに誰かの効用が増加するから，効率性は改善している。しかし，公平という観点から見ると，この2つの効率性改善には大きな違いがあるかも知れない。

点$N \to F$の移動を考えよう。このときには消費者Cの消費だけが増える。仮にDの方が経済的に不利な状況にあるとすれば，この効率性改善によって両者の経済格差は拡大する。効率性改善と公平あるいは公正という基準は対立する可能性があるわけである。

市場は公平性について有効な基準を提供できないが，「社会通念」でみるかぎり効用フロンティアの一方に寄りすぎる分配は公平ではないであろう。自分の所有する生産要素を供給した結果であるとしても，その所得分配が不平等であると判断されれば，課税による平等化が正当化される。多くの国で所得税の累進課税は，高額所得者には担税力があるという素朴な理由にもよるが，累進の程度に差はあってもごく一般的である。また，消費税についても納税者の所得水準に対応させて一定の配慮を加える場合が多い。

公平性原則による課税は，租税負担を累進的にして，市場で実現する所得分配を平等化させる。[8]租税による所得再分配が望ましいかどうか。残念ながら，公平性と同じように所得再分配の望ましさを判断する明確な基準は無い。

8）公平性を利益説で解釈すれば，公共サービスの受益に応じた課税になるが，この場合にサービス利益を多く受ける者が所得等の担税力でも大きいとすれば，租税負担の所得に対する累進度は一般的な所得課税とは異なるものになる。

ただし,ある一定限度の不公平,不平等を超えるときには,租税による所得再分配が国民全体の厚生水準を引き上げるのに貢献できるかも知れない。

主要参考文献

　本書の執筆に際して，主に以下の文献を参考にした。既に一般化した概念や考え方をできるだけ平易に記述しようとしている本書の性格から，原則として，本文と参考文献の対応関係を示していない。しかし，著者による独自の考え方，あるいは一般にはまだ合意が得られていないと思われる概念，周知されていない事柄等ついては，煩瑣にならない程度に文献と参照箇所を示した。
　租税の経済効果およびミクロ経済学に関する記述では，主に次の文献を参照している。

- Browning, Edger K. and Jacquelene M. Browning, *Public Finance and the Price System*, 4th ed., Prentice Hall, 1994.
- Browning, Edgar K. and Mark A. Zupan, *Microeconomics: Theory and Applications*, 8th ed., John Wiley & Sons, 2005.
- Fisher, Ronald C., *State and Local Public Finance*, 3rd ed., Thomson South-Western, 2007.
- Heilbrun, James and P. A. McGuire, *Urban Economics and Public Policy*, 3rd ed., St. Martin's Press, 1987.
- Hyman, David N., *Public Finance: A Contemporary Application of Theory to Policy*, 8th ed., Thomson, 2005.
- Rosen, Harvey S., *Public Finance*, 7th ed., McGraw-Hill, 2005.

わが国の租税制度の記述に際しては，主に次の書物を参照させていただいた。

- 大淵博義『知っておきたい国税の常識』（第11版）税務経理協会，2008（平成20）年。
- 川上尚貴編著『図説 日本の税制』（平成20年度版）財経詳報社，2008（平成20）年。
- 松崎啓介・髙橋達也編著『税法便覧』（平成20年度版）税務研究会出版局，2008（平成20）年。
- いずれも平成21年版がすでに出版されて利用可能である。以下，上記3冊を含めて，著者名の50音順に列記する。
- 石弘光『税制ウォッチング―「公平・中立・簡素」を求めて』中央公論新社，

2001年。

石弘光『租税政策の効果―数量的接近―』東洋経済新報社，1979（昭和54）年。

牛島正『租税原理―課題と改革―』有斐閣，2004年。

大浦一郎・菊池威・江川雅司・髙橋青天『財政学』文眞堂，1990年。

大川政三『日本の財政政策』有斐閣，1985（昭和60）年。

大淵博義『知っておきたい国税の常識』（第11版）税務経理協会，2008（平成20）年。

金子宏『租税法』（第13版），2008（平成20）年。

木下和夫編著『租税構造の理論と課題』税務経理協会，1996（平成8）年。

固定資産税務研究会編『要説固定資産税』ぎょうせい，2004（平成16）年。

小林威編著『財政学』創成社，2004年。

Shoup, Carl S. *Public Finance*, Aldine Publishing Company, 1970. 塩崎潤監訳『財政学』有斐閣，1973（昭和48）年。

Seidman, Laurence S., *The USA Tax : A Progressive Consumption Tax*, The MIT Press, 1997. （八巻節夫・半谷俊彦・塚本正文訳）『累進消費税』文眞堂，2004年。

神野直彦『財政学』（第2版）有斐閣，2002年。

Slemrod, Joel and Jon Bakija, *Taxing Ourselves: A Citizen's Guide to the Debate over Taxes*, 4th ed., The MIT Press, 2008.

髙木勝一編著『租税論』八千代出版，2004年。

地方財務協会編『地方税制の現状とその運営の実態』地方財務協会，2008（平成20）年。

中村利雄・岡田至康（税理士法人プライスウォーターハウスクーパース監修）『法人税法要論』（平成20年版）税務研究会出版局，2008（平成20）年。

橋本徹『現代の地方財政』東洋経済新報社，1988（昭和63）年。

橋本徹「地方税の理論と課題」橋本徹編著『地方税の理論と課題』（改訂版）税務経理協会，2001（平成13）年，第1章。

福浦幾巳（編著）『図説　租税法の基礎』中央経済社，2008年。

横山彰「法人税の課税ベースと租税政策」武田昌輔編著『改訂版　企業課税の理論と課題』税務経理協会，2000（平成12）年，第2章。

林正寿「法人所得税の転嫁」武田昌輔編著『企業課税の理論と課題』（改訂版）税務経理協会，2000（平成12）年，第6章。

林正寿『法人所得課税論』同文館，1991年。

林正寿『租税論―税制構築と改革のための視点』有斐閣，2008年。

Hinrichs, Harley H., *A General Theory of Tax Structure Change during Economic Development*, The Law School of Harvard University, 1966.

古田精司「法人税と資本蓄積」宇田川璋仁・古田精司『税制と租税負担』東洋経済新報社，1974（昭和49）年，第3章。

本間正明編著『ゼミナール現代財政入門』日本経済新聞社，1994年。

Musgrave, R. A. and P. B. Musgrave, *Public Finance in Theory and Practice*, 3rd Ed, McGraw-Hill, 1980. 木下和夫監修・大阪大学財政研究会訳『マスグレイブ財政学』有斐閣，1983（昭和58）年。

松崎啓介・高橋達也編著『税法便覧』（平成20年度版）税務研究会出版局，2008（平成20）年。

Mansfield, Edwin and Gary Yohe, *Microeconomics: Theory and Applications*, 11th ed., W. W. Norton & Company, 2004.

水谷守男・菊池裕子『地方自治体の経済学』税務経理協会，2000（平成12）年。

水谷守男・古川清・内野順雄編『財政』勁草書房，2002年。

宮入興一編著『現代日本租税論』税務経理協会，2006（平成18）年。

宮島洋編著『消費課税の理論と課題』（二訂版）税務経理協会，2003（平成15）年。

森信茂樹『日本の税制―グローバル時代の「公平」と「活力」』PHP，2001年。

森信茂樹『抜本的税制改革と消費税』大蔵財務協会，2007（平成19）年。

森信茂樹『わが国所得課税ベースの研究』日本租税研究協会，2002年。

米原淳七郎・矢野秀利『直接税対間接税』有斐閣，1989（平成元）年。

米原淳七郎『土地と税制』有斐閣，1995年。

米原淳七郎「固定資産税の本質と改革の方向」橋本徹編著『地方税の理論と課題』（改訂版）税務経理協会，2001（平成13）年，第7章。

索　引

(50音順)

〈ア行〉

赤字企業（法人）　80, 88
安定性　135
一般消費税　96
　　卸売売上税　97
　　小売売上税　97
　　垂直的統合　98
　　製造者売上税　97
　　単段階消費税　97
移転支出　108
インボイス方式　113
　　不正還付請求　113n
益金　76
益税　110
　　簡易課税制度　111
　　還付　110n
　　事業者免税点制度　110
　　みなし仕入れ率　111
応益性　135
応益説　→　利益原則
卸売売上税　97

〈カ行〉

外形標準課税　6
外国法人　74
外部資金　8
価格比　190
下級財　161

家計　141, 143, 157
課税　25～26, 150～151
　　―の根拠　25, 26, 88
　　機会費用　25
　　脱税　26
課税最低限　30, 46
課税所得　44～45
　　課税所得金額　44
　　合計所得金額　44
　　税額控除　44
　　総合課税　45n
　　損益通算　45n
　　必要経費　44
　　分離課税　45n
課税対象　7～8
課税対象取引（消費税の）　103
加速度償却制度　78
可変費用　164
簡易課税制度　111
間接税　10～11, 25
完全競争　83, 162
簡素　26～27
還付　110, 113n
機会費用　25, 57
企業　141, 143, 157
希少性　142
基礎控除　44, 46
揮発油税　4, 10, 23
義務説　→　課税の根拠

索 引

逆進性　108〜110
逆進税率　29，30〜32
逆弾力性のルール　37
給与所得控除　44，46，50
　　特定支出の実額控除　50
給与所得税　50〜51
　　源泉徴収　51
　　申告納税　51
　　年末調整　51
　　捕捉率　50
供給曲線　28，148
均衡　33，147
　　―価格　33，149
　　―数量　33，149
黒字法人　80
経済循環　7〜8，143
契約曲線　183
決算利益　76
限界効用　159
　　―の逓減　159
限界収益率　84
限界生産物　180
限界税率　30，48
限界代替率　193
限界費用　167
限界変形率　192
限界利益　29
減価償却　77〜78
　　―と投資資金　78〜79
　　―と法人税　77〜78
　　の加速化　78
源泉徴収　51

公益法人　74
公共財　28
公平性　→　租税原則
効用フロンティア　195
小売売上税　97
効率性　→　租税原則
国税　4，10，24
個人所得税　25
固定資産　120
固定資産税　6，9，13，19〜20，119
　　応益性　135
　　―の課税標準　120
　　資産評価額　122〜134
　　納税義務者　120
固定費用　162
個別消費税　4，8，25，33〜34
　　帰着　34
　　転嫁　33
コンプライアンス・コスト　→　法令遵守費用

〈サ行〉

再建築価格　122
財産課税　11
財市場　140
山林所得　44
仕入税額控除　103〜105，110n
事業者免税点制度　110
事業税　6
資金需要曲線　84
資源配分　27，192〜195

資産課税　8, 119
資産所得　63
資産税　19, 24, 119
　　固定資産税　6, 9, 19～20, 119
　　相続税　119
　　贈与税　119
　　都市計画税　6, 119
支出税　23
市場均衡　149
市場経済　141
市町村民税　125
実額控除　51
実効税率　75
ジニ係数　54, 67～69
　　ローレンツ曲線　54
資本化　129, 136～137
資本構成　78
　　外部資金　78
　　内部資金　78
　　内部留保金　79n
　　二重課税　79
　　配当軽課　79
資本損失（キャピタル・ロス）　63
資本利得（キャピタル・ゲイン）　63
シャウプ勧告　80
社会保険料控除　46
収益　76
従価税　88, 96
住宅ローン控除　49
収得税　23
収入金額　44
従量税　33, 35, 96

酒税　96
取得価格　123
需要曲線　28, 146, 161
譲渡収入　76
消費課税　8, 11, 13, 105
消費型所得税　63
消費型付加価値税　99
消費財　142
消費者余剰　151～152
消費税　4, 16, 19, 23, 95, 101, 103
　　従価税・従量税　96
　　―の類型　97
　　納税義務者　97, 103
　　非課税取引　103
　　不課税取引　103
　　免税取引　103
使用料　23
所得課税　8, 11, 13, 53
所得型付加価値税　99
所得金額　44, 45, 50
所得効果　57, 159, 170, 175
所得控除　44, 46～47, 50～51
所得再分配　43
　　―効果　52, 54
所得税　4, 8, 16, 19, 43, 56～57, 59
　　所得効果　56～57
　　消費型―　63
　　代替効果　56～57
　　納税者　44～46
申告調整　76

申告納税　51
人的控除　46
垂直的公平　27, 29
垂直的統合　98
水平的公平　27, 29
税額控除　44, 49, 77
生産可能性フロンティア　145, 184〜186
生産関数　192
生産者余剰　151〜152
清算所得　77n
生産費用　77
生産物市場　139
生産物税　23
生産要素　141, 143
生産要素税　23
製造者売上税　97
税務行政費用　37n
税率構造　29〜32
　逆進税率　29, 30〜32
　定額税　32, 60
　比例税率　30
　累進税率　29, 30〜31
前転　34
総合課税　45n
総収入　163
総収入曲線　163
総生産型付加価値税　98
総費用　164
総費用曲線　164
租税　3, 17, 23〜26
　ストック課税とフロー課税　24

　—と使用料　23, 29
　—の資本化　129, 136〜137
　—の定義　23
　—の分類　24
租税原則　26〜27
　簡素　26
　公正　27
　公平性　26〜29, 195
　効率性　26, 34〜35, 179
租税構造　3, 8〜11, 19, 48〜49
　資産課税　8, 11, 119
　消費課税　8, 11, 13, 105
　所得課税　8, 11, 13, 53
租税収入　3〜4, 9〜10, 15, 17
　—の所得弾力性　18
　—の伸張性・伸縮性　135
租税政策　16, 139, 150, 182, 194〜195, 195〜197
租税負担率　11, 25
損益通算　45n
損金　76

〈タ行〉
退職年金等積立金　77
代替効果　57, 161, 170, 175
脱税　26〜27
単段階消費税　97
地方消費税　6, 10
地方税　4, 10, 24, 119, 135
超過供給　150
超過需要　148
超過負担　35〜36, 101

逆弾力性のルール 37
限界— 38〜39
所得税の— 60〜61
消費税の— 38, 101〜102
税務行政上の費用 37n
法人税の— 87〜88
法令遵守費用 37n
ラムゼイ・ルール 37n
超過累進税率 44, 48
帳簿方式 113, 113n
直接税 10〜11, 25
貯蓄 8, 170
　—供給 172
賃金（率） 7, 169〜170
定額控除 48
定額税 32, 60
転嫁（租税の） 32〜34, 100, 130
　後転 34n
　前転 34
当期利益 77
投資 8, 78
等生産量曲線 180
特定扶養控除 46
都市計画税 6, 119
取引高税 95

〈ナ行〉
内国法人 74
内部資金 78
内部留保資金 79
二元的所得税 63
二重課税 79, 90

　—と法人擬制説 79
　—と法人実在説 79
人税 23
年末調整 51
能力原則（能力説） 28, 29
　垂直的公平 27, 29
　水平的公平 27

〈ハ行〉
配偶者控除 44, 46
配当軽課 79
配当控除 49
売買実例価格 121
パレート効率的 183
非課税取引 103
必要経費 44
比例税率 30
付加価値 104
付加価値税 95, 98〜99, 104
　総生産型— 98
　消費型— 99
　所得型— 99
不正還付請求 113n
負担調整措置 122
負担分任性 135
普通財 171
普通税 135
物税 23
扶養控除 46
フリンジ・ベネフィット 63
分離課税 45n
平均収入 166〜167

平均税率　30，48
平均費用　166～167
変動係数　126
包括的所得税　62～63
　　二元的所得税　63
　　資本利得　63
法人擬制説　79
法人実在説　79
法人所得税　→　法人税
法人税　4，16，24，73，74，76
　　赤字法人・黒字法人　80
　　課税対象　74
　　課税標準　76～77
　　実効税率　75n
　　納税義務者　74
　　―と資本構成　78～80
　　留保金課税　74n
法令遵守費用　37n
補償需要曲線　161
保税地域　103
捕捉率　50

〈マ行〉
みなし仕入れ率　111
無差別曲線　56，159
免税事業者　103
免税取引　103
目的税　23，29

〈ヤ行〉
要素価格　180，184
用途地区　122

予算制約線　56，157
余剰
　　消費者―　36，151～152
　　生産者―　36，151～152

〈ラ行〉
ラッファー曲線　64
ラムゼイ・ルール　37n
利益原則（利益説）　28～29
　　限界利益　29
　　目的税　23，29
利益説　→　課税の根拠
利子　76，174
　　―所得　44
　　―率　7，174～176
利潤　163
利潤最大化　166～168
留保金課税　74n
留保控除額　74n
留保利益　89
累進税率　30～31
レンタル・プライス
　　資本の―　180n
労働供給曲線　59
路線価　122
ローレンツ曲線　54，68

著者紹介

石川　祐三（いしかわ・ゆうぞう）

1947年生まれ。
明治大学大学院政治経済学研究科博士課程単位取得。
鹿児島国際大学経済学部講師，助教授，教授を経て，2001年から東京国際大学経済学部教授。
専攻：財政学および租税政策論。
著書：『経済転軌と区域発展』厦門大学出版社（共編著），『地方財政論』高城書房，『地方財政システムの研究』高城書房など。

租税の基礎研究

2010年3月25日　第1版第1刷	定　価＝2800円＋税
2012年5月25日　第1版第2刷	

著　者　石　川　祐　三　©
発行人　相　良　景　行
発行所　㈲　時　潮　社

〒174-0063　東京都板橋区前野町4-62-15
電　話　03-5915-9046
ＦＡＸ　03-5970-4030
郵便振替　00190-7-741179　時潮社
ＵＲＬ　http://www.jichosha.jp
印刷・相良整版印刷　製本・仲佐製本

乱丁本・落丁本はお取り替えします。
ISBN978-4-7888-0646-7

時潮社の本

ドイツ医療保険の改革
その論理と保険者機能
舩橋光俊 著
Ａ５判・上製・308頁・定価3500円（税別）

ワイマール以来、世界の医療保険制度をリードしてきたドイツの東西統合以降の変化と現状、今後の展望について、豊かな学識を踏まえた分析と丁寧な解説を加え、いくつかの事例も示した。

日本の経済社会システムと儒学
基層心理からの比較と考察
谷口典子 著
Ａ５判・上製・246頁・定価3200円（税別）

混迷する現在を問う乾坤一擲の言葉は鋭く私たち自身を射抜く。社会心理を透徹した眼であざやかに解きほぐし、現在を読み解く本書は混乱の中にうずくまる読者に限りない希望と感動をあたえずにはおかない。

図説 アジアの地域問題
張 兵 著
Ｂ５判・並製・116頁・定価2500円（税別）

アジア世界とは何か。それは現在どのような拡がりをもち、いかなる問題に直面しているのか。外交から地勢、人口、文化など広範で多面的な分野をカバーする、読む「アジア問題事典」がここに完成！ 内容も１項目を見開きで解説し、図表を用いてのデータの比較など研究者に留まらず、これからのアジアの発展などに興味のある方におすすめの一冊。

アメリカの貿易政策と合衆国輸出入銀行
山城秀市 著
Ａ５判・上製・312頁・定価3600円（税別）

1930年代大恐慌を脱出する切り札として設立された合衆国輸出入銀行がいかにその後の大戦をくぐりぬけ、多極化時代を迎えてどのように変貌しつつあるのか。本書は米政府の経済政策と輸出入銀行の歴史を追いながら全体像を明らかにする。